FUTURE

溫蒂姐

職場靈數密碼

善用關鍵生日數，解鎖升遷密道，
為自己打造職場最強運

溫蒂姐
WENDY SISTER

著

善用生命靈數優化專業與態度

　　人的一生當中，襁褓、學步、求學、工作、退休，工作的時間肯定是最長的。不論你是追求高官厚祿，還是接受安穩溫飽，職場上的技能，在我看來，只有專業與態度兩件重要的事！專業，不需贅述，你要把你的專業打下扎扎實實的基礎，融會貫通的理解，方能有解決問題的實力。態度，則涵蓋廣泛，端看你是什麼樣的人，或是要追求什麼樣的結果。

　　生命靈數，是從古到今各種各樣的性向分析、流年推論、命運預測的其中一種，近年來甚為流行。我有幸認識 Wendy 黃小姐，才得以一窺生命靈數的奧妙。它簡單易學，應用廣泛，若深入歸納、精研統計的話，亦可臻

至於八字、紫微斗數、星座命理等互古上層的進化與智慧。

Wendy 對生命靈數的努力，專精又廣博，難得的專業人士。這本書是她的第二本關於生命靈數的書。以生命靈數為基礎，職場應用為主軸，剖析你自己、上司、同儕之間多種且複雜的關係；不論是對人或對事，更或者是偏好、喜惡，都有頗為深入的著墨。這其實也是我所說的態度，知己知彼，應對進退，不失理法，更不違拗自己的個性。

Wendy 誠心邀約我幫她寫推薦序，惶恐之外，更是榮幸。現今之職場，在科技日新月異的推波下，參與者的本性、處事的方法、對人的態度，越來越不易被察覺。Wendy 的這本書，除了容易閱讀以外，我肯定會對初入職場的菜鳥，或是職場打滾多年的老將，遇到不解的問題，多有助益，更會為你的職涯增添順利與順心。

丁予嘉 博士

溫蒂姐悄悄說……

每個人的旅程都是獨特的，

會遇到各種挑戰和機會。

透過生命靈數和生日數，

可以幫助自己在成長道路上做更適切、更精準的規畫。

這些數字除了讓你認識自己的性格特質，

也提供你對他人更多元面向的理解。

這些數字除了成為你我達成個人目標

和人生追求的重要參考，

也在人際關係中發揮深深的影響力。

這些數字更讓我們瞭解自我優勢、人生挑戰，

以及今生的靈魂目標。

幫助大家在個人成長的道路上做出明智的決策，

也能幫助大家改善與他人的相處方式。

邀請大家利用數字的智慧和能量，

並將其應用到我們的日常生活中，

堅定且不後悔地跨出每一步，

朝著更好、更幸福的人生旅程前進。

目錄

認識生命靈數

生命靈數是你我出生時就自帶的一組密碼，

蘊藏一個人的生命優勢和身分特質，

彷彿揭示了此生的生命功課和靈魂使命。

什麼是生命靈數？

　　每個人的生命靈數（Numerology）、出生月、出生日與出生年中出現的 1 ～ 9 數字，以及它們的重複出現次數和缺失的數字，都能幫助我們更深入瞭解一個人的個性特徵、潛力和命運走向。

　　這些數字提供了一種認識自己和他人的方式，可以作為我們成長和發展的指南。每個人的生命靈數和生命靈數九宮格中的每個數字就像一本使用手冊，詳細記載了當這個人與特定數字共振時所具有的特定能量和影響。透過這些數字，我們可以預先瞭解並防範可能影響我們命運和性格的危機或事件。

　　從出生開始到進入社會，我們會認識數百、上千甚至上萬的人。從原生家庭到學校，然後再到職場，我們與許多人建立關係和共事。學生時期，我們接觸到同學、老師、教職員工和其他學校人員，這些人不僅教導我們知識，也深深影響著我們對人性的信任度和付出程度。家庭成員、鄰居和親朋好友則對於我們的性格養成和處

事準則方面起到關鍵作用。隨著成長，透過社交活動、旅行和進入職場，我們會更深刻體悟到，人與人之間的想法、目標方向、金錢觀與待人處事方式是否一致，對於關係的順利推進、共同發展和持續成長至關重要。然而，在關係相處中不需過度擔憂、傷心和生氣，只要掌握方向、策略正確就能使事情往更好的方向前進。

通過瞭解自己和他人的生命靈數和生日數特質，不僅能夠幫助我們更易於理解彼此的潛能、優勢和發展方向，也提供了一種認識雙方的方式，作為關係成長和發展的指南。

生命靈數有三大願景和使命：

1.認識自我，發掘自身潛能。

2.掌握相處祕訣，優化人際關係。

3.理性選擇，善用資源，規畫美好的人生。

生命靈數希望帶入正向、積極和可選擇權力來幫助大家，正確使用和理解自己生命中的祝福和提醒，讓我們除了成為幸福的人之外，也能成為替親朋好友和世界帶來祝福的人，同時為人類帶來進步。

數字學在數千年的歷史中被廣泛應用於命理學，不僅限於生命靈數，還能延伸到塔羅、五行、紫微斗數、易經等領域，為人們解惑、指引方向，並成為心靈的慰藉。數字是能量的象徵，揭示了生命目標的潛藏意義，並成為人與人之間相互瞭解、連結和產生加倍效果的良好方式和橋梁。

　　透過對生命靈數的分析和建議，我們能夠看到心靈力量的偉大和自我驅動的能量。我們可以理解並善用對自己而言最有價值的數字，使生活更加快樂、生命更加圓滿，毫無畏懼的產生加倍的效果。

生命靈數是怎麼來的？

　　生命靈數的起源可以追溯到大約西元前八〇〇年前後，由古希臘哲學家和數學家畢達哥拉斯（Pythagoras）提出。畢達哥拉斯相信數學可以解釋世界上的一切事物，並認爲每個數字都具有獨特的精神意義和深層涵義。他希望透過數字的意義幫助人們擁有一個準確的參考依據，並有意識地認識自己、發揮潛能。畢達哥拉斯花了大量時間和精力研究數字與人性特質之間的關聯，並相信每個人的出生都帶著能量和祝福。

　　然而，當人們剛出生時，對自己和世界都感到陌生，即便擁有過人的能力或天賦，但若無正確的引導和使用建議，有時從天而來的祝福反而會成爲阻礙進步的原因。

　　生命靈數是根據個人的出生日期所計算出來的單一數字，代表一個人的生命目的、個性特徵和命運走向，有助於我們更瞭解自己的天賦和發展方向，以便在生活中做出更明智的選擇。

如何解讀生命靈數？

生命靈數雖然是一個介於1至9之間的數字，但絕不是把人僅僅分成九種類型。根據統計數據，生命靈數為奇數（即1、3、5、7、9）者，個性外顯、熱情、活潑，具有強烈的自我意識和個人主張；而生命靈數為偶數（即2、4、6、8）者，則通常內斂、敏感，較不直接表達內心的感受與想法，願意順應大局。

細算起來，生命靈數的排列組合可能超過六萬種以上。這是因為即使兩個人都是2號人，但由於生命靈數九宮格中數字的出現次數、連線與空缺的情況不同，會產生天差地遠的結果和特質。

一個完整的生命靈數一對一分析程式，通常通過以下五個層次的數字和資訊，對每個獨一無二的人進行交叉比對和分析。

1. 第一層分析：生命靈數的計算方式是將出生日期中的所有數字相加，直到獲得一個單數，從而得知你是生命靈數幾號人，而這只是第一層的大分類。

2. 第二層分析：透過每個人出生日期中的數字，以及數字重複出現的次數，進行第二層的分析。

3. 第三層分析：觀察是否有特殊意義的連線數字，能進一步瞭解一個人在情感、職場、藝術創造力和貴人運上的差異性。

4. 第四層分析：關注十二星座對應數字的特質。

5. 第五層分析：考慮生命靈數中 1 ～ 9 號中沒有的數字之間的差異性，提供精確且詳細的分析。

通過上述五層分析來探究每個人性格上的獨特性，進而從中找到改善的方向和建議。

如何排出生命靈數九宮格？

Step 1：寫出欲計算的西元出生年、月、日，並加總到
個位數。

　　例如：出生日期爲西元 1986 年 12 月 29 日

　　　　1 ＋ 9 ＋ 8 ＋ 6 ＋ 1 ＋ 2 ＋ 2 ＋ 9 ＝ 38

　　　　3 ＋ 8 ＝ 11

　　　　1 ＋ 1 ＝ 2

　　　　得到最後總數爲 2，即 2 號人。

　　　　（如果加總到最後是 10，那你就是 1 號人，以
　　　　此類推）

Step 2：畫一個九宮格，如下圖所示填上數字 1 ～ 9。

1	4	7
2	5	8
3	6	9

Step 3：圈起 Step 1 中出現的數字。

在九宮格上圈起出生年、月、日中的各個數字，以及加總總數中出現過的數字，出現一次就圈一次，出現兩次就畫上兩個圈，依此類推。

例如：

出生日期為西元 1986 年 12 月 29 日，請按照下列步驟圈起數字。

①把出生日期出現的數字圈起：1 兩個圈、2 兩個圈、
　6 一個圈、8 一個圈、9 兩個圈。

②出生日期加總後為 38，請圈起 3 和 8 各一次。

③ 3 ＋ 8 為 11，請在 1 處畫兩個圈。

④ 1 ＋ 1 為 2，請在 2 處畫一個圈。

1	4	7
2	5	8
3	6	9

Step 4：圈起星座對應數表中相對應的數字。

星座對應數表

星座	對應數字
牡羊座、摩羯座	1
金牛座、水瓶座	2
雙子座、雙魚座	3
巨蟹座	4
獅子座	5
處女座	6
天秤座	7
天蠍座	8
射手座	9

例如：承前例，個案為摩羯座，對應數字是 1，請在數字 1 再圈一次。全部畫完如下圖所示。

1	4	7
2	5	8
3	6	9

Step 5：查看連線組合。

看看九宮格中有哪些連線組合，而這些連線分別主導什麼呢？

■ 147 連線

　　主導執行力／務實線

1	4	7
2	5	8
3	6	9

■ 258 連線

　　主導心智力／感情線

1	4	7
2	5	8
3	6	9

■ 369 連線

主導創意力／智慧線

1	4	7
2	5	8
3	6	9

■ 123 連線

主導藝術接受力

1	4	7
2	5	8
3	6	9

■ 456 連線

主導組織規畫力

1	4	7
2	5	8
3	6	9

■ 789 連線

主導貴人與財務管理力／權力線

1	4	7
2	5	8
3	6	9

■ 357 連線

主導好人緣運

1	4	7
2	5	8
3	6	9

■ 159 連線

主導堅持力／事業線

1	4	7
2	5	8
3	6	9

■ 42 菱形連線

主導精簡和優化的能力／靈巧線

1	4	7
2	5	8
3	6	9

■ 48 菱形連線

主導勤勞力

1	4	7
2	5	8
3	6	9

■ 62 菱形連線

主導關係維持力／和平線

1	4	7
2	5	8
3	6	9

■ 68 菱形連線
主導誠懇力

例如：

承前例，該個案有 123 連線、369 連線、62 連線及 68 連線（該個案之生命靈數九宮格圖詳見下頁）。123 和 369 連線讓此個案對於新奇且創意十足的人事物十分感興趣，會願意花時間進行研究、分析其特色和未來的發展性，一旦認同且理解其中的設計理念，並且確認身邊朋友也有此需求時，便會主動分享給對方。這正好展現了 62 這條連線的能量特質，只將好的、對方有需要的產品跟他人分享，一旦分享或推薦給他人後，也會負起解說和協助的責任，這也是 68 這條連線的能量特質：看重個人誠信與聲譽。

　不同的連線組合代表著個性特質、天賦優勢和不足之處，同時預示著未來可能遇到的挑戰。透過這些連線組合能幫助我們提前做好準備，減少困惑和障礙，並增加成功的機會。

　如果沒有上述十二條連線，請也不用擔心，因為你們天生具備的數字能量依舊能帶領你們完成任務和挑戰，只是你們會比他人花費較多的時間收集資料，並且需要反覆嘗試，就能找到最佳的執行計畫。

　生命靈數的核心宗旨是經由瞭解與生具備的數字能量組合來開啓和善用自身的天賦密碼，激發稟賦長才，同時彌補所欠缺的部分，使得我們在生活中和職場中取得更好的成就。

生命靈數

1~9

的人格特質

生命靈數蘊含了一個人的性格特質和意義，

除了提供大家對自我和他人更多元面向的理解外，

也能讓你更瞭解自己的優勢、人生挑戰

和今生的靈魂功課。

生命靈數 1 號人

生命靈數 1 被稱為「創始數」。生命靈數 1 號人的性格充滿自信及果斷的決策力，而這樣的性格其實是經由一個個挑戰、考驗與錯誤累積起來的，這不服輸的性格會讓生命中一個又一個關卡都變成成長的機會和養分。高標準的特質讓你們對自己的做事能力、抗壓力、決策力及超強行動力非常有自信，人生的目標和願景也會隨著年紀增長越來越清晰明確，除了自身會非常努力外，也會用盡一切心力說服身邊有能力、有資源的人，讓大家都願意協助你們達成目標。

生命靈數 1 號人天生就非常擅長單兵作業，除了能享受獨處時光外，也能滿足你們本身需要擁有獨立思考空間的需求，因為你們是擁有自

主規畫行動和時間的人。大家常會說生命靈數 1 號人不合群，只想著自身的光芒與地位，這是因為你們很小就理解到「靠山山倒，靠人人倒」的事實，養成了習慣不依賴他人的指導或資源的特質，你們遇到困難或挑戰時會逼自己找出能夠成功和順利推進的方法或計畫。你們性格中天生卓越的領導能力能讓你們在工作時給出清晰的指令和明確的方向，讓團隊成員能在你們的激勵和鼓舞下願意承擔你們所賦予的角色和期待。

生命靈數 1 號人追求卓越，並且渴望在各個領域中都能取得優勢和勝利，輸贏對你們來說不單只是排名，更代表著能否被尊重與認可的象徵。這使你們具有強烈的競爭意識，對你們來說，排名或其他比較的方式都是分出勝負或對錯最公平的方法，因此會願意不斷努力提高表現或成績。

生命靈數 1 號人也喜歡以挑戰傳統和提出新策略來提高自己在團體中的能見度。樂於成為大家眼中最佳救援投手的你們，期待自己成為具有創新思維、發現機會、解決問題及提出創新解方之人。冒險及嘗試新事物的過

程都是你們提醒自己不能安於現狀的方式與手段。在面臨挑戰和困難時，總能以冷靜的態度、驚人的毅力和堅持不懈的態度來克服障礙，以實現自己的目標。

給 1 號人的叮嚀

建議在意排名和專業度的生命靈數 1 號人，在追尋夢想和目標的過程還是要讓自己在進退應對上多一點溫度和彈性，並讓自己適當地休息。別因為追求卓越而做出超出能力範圍的承諾。生命靈數 1 號人相信人的極限是可以被逼出來的，因而容易出現忽略自身身心狀態及人情世故的邏輯就答應他人的要求或期待。請開始練習將人生的目標和欲望清單化，避免在進入競賽狀態時出現過度偏執和不放過自己的情況。

建議天生充滿自信、果斷和領導力的生命靈數 1 號人，請更有意識地練習讓自己的工作與生活能夠達到平衡，成為大家眼中努力工作且享受生活的完美代表。

生命靈數

2

號人

　　生命靈數 2 被稱為「平衡數」。部分 2 號人或認識 2 號人的朋友看到「平衡」二字時心中會出現一個大大的問號，因爲許多時候 2 號人一點都不平衡，甚至會出現情緒失控的狀態。這跟生命靈數 2 號人的內心同時擁有「陰」和「陽」兩種能量特質有關，而這也是許多文章會形容生命靈數 2 號人敏感、溫柔且善於觀察局勢的原因。

　　生命靈數 2 號人渴望且需要處在一個和諧的環境中，因爲這是你們內心安定的關鍵力量。大部分的 2 號人在年輕時會有一段時期願意主動幫助他人，並且展現願意與他人合作的意願，期待藉由善於溝通和協調的特點促進團隊建立凝聚力，並帶領大家一起找到可共同合作的

目標與意義，這也是生命靈數 2 號人定義自己是否有價值和是否被珍惜的方式之一。

　　生命靈數 2 號人在情感關係上非常敏感，並擁有極敏銳的洞察力。本質上，你們願意相信人性本善，只要以溫和且和善的方式對待對方，便能夠在人際關係中保持和諧並相互接納。細心且周到的生命靈數 2 號人在面對親人好友背叛、惡意抹黑時，也是會瞬間從體貼溫柔變成冷酷堅決且不懼怕直球對決。內心深處住著一個小法官的生命靈數 2 號人，一旦底線被觸及，就算派天皇老子來說情都沒有用。深知自己性格特質的 2 號人，遇到意見分歧的情況時，都會先傾聽各方的聲音，試圖理解對方做出傷害行為的原因，並尋求共識與相互尊重的平衡點。因為一旦觸犯到心中的那條底線，你們將再也不回頭的往前進，而那些人就會被徹底放置在過去，並且漸漸被淡忘。

溫蒂姐

給 2 號人的叮嚀

建議注重細節且在乎倫理規範的生命靈數 2 號人，要更有意識地選擇與自己互動和共事的人及環境，穩定且有規矩的環境與團隊將帶出你們性格中「果斷但合理」、「理性但溫柔」的雙向特質；反之，如果遇到情緒起伏過大或很會情緒勒索的人或組織，將會讓你們變得患得患失、失去自信。

請務必時刻提醒自己：要成為一個由內到外都有自我準則且維持平衡狀態之人。

生命靈數
3
號人

生命靈數 3 被稱為「表達數」。生命靈數 3 號人具有創造驚喜且跳出框架思考的特質，不論在求學期間或職場上都是讓人印象深刻的經典人物。

大多數的 3 號人在藝術、文學、音樂、創意等領域較能嶄露頭角，能夠透過多種方式將自己的想法和情感表達出來，並且在傳達的過程中也能讓對方成為你們的支持者。你們擅長創造出令人讚嘆及意想不到的作品或解方，讓大家打從心底認同你們的創意，並相信你們的提議，而這號召力正是突破困境達到成功的重要因素之一。

生命靈數 3 號人天生就擅長社交和溝通，具備良好的口才和表達能力，不輕易批評他人，而且具有接

納新事物的彈性，讓你們能夠與他人輕鬆建立關係和創造合作機會。在社交場合應對自如的你們，非常懂得藉由個人魅力來吸引他人或主管的注意，並且會在獲得關注時把握機會與人交流，分享自己的想法與計畫，以最輕鬆且快速的方式達成目標。

絕大多數的生命靈數 3 號人是樂觀且開朗的，性格中天生的幽默感與好奇心，讓你們能夠以積極樂觀的態度迎接生活中的挑戰和機會。在你們的認知中，棘手之事到底是危機還是轉機，端看自己的態度與選擇。生命靈數 3 號人選擇以正向、積極的心情來看待困境，你們認為既然不論開心或難過都要面對，那何不選擇正面積極的態度，放下緊張和擔憂的情緒，以放鬆的狀態來思考和規畫可能突破危機的方法與策略。

大部分的生命靈數 3 號人十分多才多藝，對各種領域都懷有濃厚的興趣。願意花時間研究和學習的特質，讓你們會因為職場或生活的因素學會更多，也讓你們能迅速融入各個領域，並取得成功。

給 3 號人的叮嚀

建議不懼怕挑戰且樂意展現特色的生命靈數 3 號人，在勇敢追逐目標和夢想的同時，也要累積專業上的深度與廣度，避免成為一個不斷挑戰卻沒有累積的人。

請用你們樂觀開朗的性格、超強的社交能力及多才多藝的天賦，讓自己擁有不同領域的能力，讓你們接觸的案子都能蓬勃發展且擁有傲人成績。

請將你們樂於嘗試新事物的天賦變成擴大接觸面和多元性的重要能力，這也將成為你們在職場中獨有的魅力與特色。

生命靈數
4
號人

生命靈數 4 被稱為「執行數」。大多數的生命靈數 4 號人做事都十分穩健、可靠和務實，與你們共事過的人都會認可你們負責任的態度。生命靈數 4 號人以沉穩特質聞名，凡事都希望藉由事前調查、研究和分析讓風險降到最低。不喜歡甚至有點排斥驚喜的你們，對於無法管理和掌握的事務會感到焦慮與不安，這也是你們堅持邏輯與紀律的原因。深信唯有時刻保持冷靜與穩定的思維方式，才能成為一個可信賴的人，以及能讓他人依靠的支持者和領導者。

生命靈數 4 號人以務實見稱，同時也十分注重細節，致力找尋實際且可執行的解方，擅長擔任團體中制定計畫、分配任務及驗收成果的

那個人。公司主管及合作過的同事都十分欣賞你們優秀的組織能力和推進事務的節奏，只要你們接手的項目或活動，總是能夠有效處理並達成目標。

生命靈數 4 號人除了積極和努力外，也擁有強烈的責任感和自律性，一旦設定目標或給出承諾，就會付出時間和努力來實現目標，即使過程中出現一些意外或挑戰，也能持續執行，並展現過人的毅力克服困難、達成目標。

性格中略帶點現實主義和保守性格的生命靈數 4 號人，不愛空想和空口說白話的人，注重事實和真相的你們會選擇遵循過去成功的經驗，並且習慣在規畫前研究分析過去是否有相同的案例或可供參考之資訊，希望藉由前人的經驗幫助自己更謹慎思考，並以穩健的狀態進行選擇與規畫。你們相信即使世界不停變化，還是有許多的基礎原則與脈絡將依舊遵循著歷史脈絡與老祖先的智慧。這種向前人借鏡的習慣，除了能帶給你們穩定和可靠的感受，也可以成為你們在職場及生活中成功的特質和武器。另外，喜歡有節奏和有計畫的你們，十分在意時間管理和工作流程的順暢度，不論在職場中或生活中，都

會希望找到每個任務或項目的安排邏輯，希望藉由系統性的規畫與引導來確保事情能順利進行。

給 4 號人的叮嚀

建議追求掌握度及達成率的生命靈數 4 號人，在實事求是的前提下，還是可以給自己或他人一點嘗試的機會和空間，只要發生問題的當下大家都願意齊心處理，遭遇再大的危機，都能藉由你們超強的問題拆解能力，以及堅定不已的決心，找到解決的方式。

當你們能成為嚴格但願意體諒他人的主管或同事時，也就能成大家眼中值得信賴並追隨的領導者，而你們的謹慎與務實也會使你們在組織管理上有出色的表現。

生命靈數5被稱為「自由數」。生命靈數5號人的性格中帶有勇於冒險的因子，善於創造屬於自己的舞台，並具有樂於學習的特質。這讓與你們接觸過的人都會覺得你們擁有自由、不懼怕挑戰和抗壓性強的特質。追求公正及合理性的你們，無法被無理的教條拘束，除非你們釐清原因並願意接受，不然幾乎沒有任何人能輕易改變你們的決定和想法。你們渴望學習和享受體驗新奇事物的過程，認為人的一生只有一次，不須因為舊有的教條或規矩而束縛住現在或未來的自己，應該不斷嘗試和創造新的方式與角度，來體驗並理解世界。

生命靈數5號人喜歡並欣賞努力追求夢想和不斷嘗試的自己。特別是如果你們的工作涉及藝術、寫作、

表演或創新等領域，在表現力與理解度上也會比其他人出色許多。總能快速抓住重要人士或主管的注意力與關注力，一旦出現合適的舞台或機會，也將一躍而上成爲核心成員。願意花時間嘗試和學習多面向新知識的生命靈數 5 號人，從小就展現出對不同領域的高度興趣，以及願意嘗試和學習的意願。掌握新知與擁有解決問題的能力會帶給你們高度的自信心和成就感，進而使得你們擁有豐富的想像力和創造力，並能夠在不同領域中展現出色的才華。

不受限的發想力和高靈活性是生命靈數 5 號人的思考特色，也是證明自己存在的方式。你們會努力打造和爭取一個能自由表達自我的舞台和空間，希望藉由分享和溝通讓自己有機會跳脫社會價值的束縛，以及家族期待帶來的限制感。你們相信改變世界和融入世界的方式就是讓自己具有靈活的思考能力、應變彈性及不懼怕嘗試的行動力，讓自己成爲「兵來將擋，水來土掩」的快速適應者代表。特別在新創圈或快速變換的場域中，你們的好奇心和求知欲將成爲挑戰傳統、創造潮流的關鍵代表，你們也將因自身靈活運用的特質成爲真正掌握且善用知識的現代人。

溫蒂姐

給 5 號人的叮嚀

建議追求冒險精神與自由度的生命靈數 5 號人，在
追求新奇及保有自主決定權的前提下，對於過往的
歷史及前輩的忠告，能夠放下抗拒之心，以敞開和
學習的態度來探索新舊之間的奧妙，探尋突破的可
能。

另外，請善用你們幽默、風趣和高影響力的特質，
爭取更多的空間、時間以及被理解的機會，為自己
和周圍的人帶來豐富且多彩的世界。

生命靈數 6 號人

生命靈數 6 被稱為「奉獻數」。當生命靈數 6 號人接觸到弱勢和需要協助的對象時，總能馬上展現同理心，並以具體行動給予關懷和協助。你們身上給人一種安定舒服的溫暖感，對於人和任何生命物種都願意分享手中的資源與幸福感，希望對方能夠因此相信自己是值得被愛，進而能願意勇敢追愛。

樂於提供支持和分享經驗的暖心特質，讓生命靈數 6 號人在家庭、伴侶關係和職場中較常擔任聆聽的角色。特別是經由長時間相處，大家都能感受到你們的責任感和真摯待人的特質。

你們對履行義務和承擔責任十分重視。在你們的心中，守住承諾不單只是說到做到而已，更是體現一

個人（包括你們自己）的家庭教育是否成功、對人是否有誠信的參考依據。相較於解決問題，生命靈數 6 號人會更在意對方的心情與真實的想法，以及是否能理解彼此的理念與目標。在你們的認知中，解決問題從來就不是難事，但如何讓對方真心願意全力以赴，這才是你們在意且覺得值得努力追求的。特別是看到對方真心傾力投入時，會帶給你們極大的快樂與安慰。

追求人際和諧與公平的生命靈數 6 號人，除了高度重視家庭成員外，對於職場夥伴也十分上心，願意聆聽對方的感受，並努力創造一個穩定且融洽的相處環境。許多時候經由你們的協調與合理的規畫，能夠大大降低衝突，協調不同的意見，達到團隊中真正的和諧與平衡。

大部分的生命靈數 6 號人具有異於他人的創造力和藝術欣賞能力，對美感和藝術作品具有敏銳的感知能力和創作力，在藝術、設計、音樂等領域有著出色的才華。你們善於透過文字、畫面或其他形式來表達自己的感受和想法。

溫蒂姐

給 6 號人的叮嚀

建議情緒感受度與奉獻精神度均十分高的生命靈數 6 號人，在付出與幫助他人之時，也要注意自身的需求，請適當地拒絕，別讓自己因同理心過度氾濫而陷入吃力不討好的情況。你們對家庭和朋友極為忠誠，並願意犧牲自身利益來照顧他人，請好好珍惜老天給你們的細心及關懷他人的能力，讓你們強烈的責任感和奉獻精神成為照顧他人與共創和諧社會的重要力量。

真心鼓勵生命靈數 6 號人可多善用藝術與創造力上的專長和才華，這些都將成為你們打破關係或職場升遷時的重要能力之一。

生命靈數 7 被稱爲「幸運數」。生命靈數 7 號人天生具有敏銳的觀察力和超強直覺力，對於眼前所見或他人分享的資訊都會先抱著好奇且懷疑的態度，並花時間研究其眞實性。數字 7 有審查、判斷與選擇的意涵，這也是生命靈數 7 號人爲什麼總是給人有點神祕感及無法捉摸的原因。你們要做決定前會進入一段思考期，會暫時先關閉溝通的大門，讓自己有足夠的時間和空間進行思考與選擇，直到做出選擇前都不會輕易顯露自己的想法或決定，是典型深思熟慮和理性思考的代表。與其說你們喜歡分析和探索問題，還不如說你們是不想因爲錯誤資訊而出現誤判的行爲。注重細節和邏輯性的你們，有時會因爲不

輕易認同他人或資訊而被貼上不果斷、疑心病重等標籤。事實上，你們只是對新知識和新事物有著強烈的好奇心，並願意以行動展現追求知識的決心。

在聚餐交流這件事情上，相對於參加熱鬧的大堆頭聚會，你們更傾向獨處或只跟特定人士交流。特別是經歷過一段忙碌時期後，你們會需要一段遠離人群的獨處時光，從寂靜的時光中獲得靈感和能量，同時修復疲憊的身體。對你們而言，擁有決定社交距離和交流頻率的權力是非常重要的事情。

部分生命靈數 7 號人對神祕的事物和靈性探索有著濃厚的興趣，不見得會親自去學習或探究，而是對宗教、哲學和超自然現象抱持尊重的態度。如果你們願意走上心靈探索與開發的領域時，也會擁有比他人更高的領悟力，並能快速理解其中的奧妙，幫助自己找到內心平穩的力量與信念。

熱愛新知識且高度重視學術和教育的你們，在時間和財務允許的前提下，會持續進修和接觸所在領域中的新資訊。

整體來說，生命靈數 7 號人具有敏銳的直覺力和洞察力，能夠從細節中覺察出更深層次的意義和眞相，幫助自己做出明智的決策。

給 7 號人的叮嚀

建議追求細節和邏輯性的生命靈數 7 號人，深思熟慮和持續學習是非常好的習慣和特質，但不是每個人都有能力和時間研究細節，請不要因為他人獲取知識的方式跟你們不一樣而認為對方不夠努力或不求甚解。

請善用你們天生的敏銳度、直覺力與洞察力讓自己成為更優秀的人，並主動協助他人建立專業能力與技能，讓你們不論在生活中或職場中都能成為被眾人認同的關鍵人物。

生命靈數
8
號人

生命靈數8被稱為「因果數」。生命靈數8號人擁有強大的決心、野心及不輕易放棄的特質,你們在很小的時候就對成功和成就有著強烈的渴望與期待。這是因為多數8號人在成長過程中在家族成員或重要長輩身上見識到了權力和財富的力量,這也讓你們從小就知道努力是通往成功的必要之路,所以你們願意為了權力、財富和社會地位拚搏,並展現出超凡毅力。

有些人會覺得生命靈數8號人非常利益導向,甚至有些不顧情面,可能有些生命靈數8號人會抗議:「我們才沒這麼愛計較,也非常樂於分享資源與財富。」本質上,你們確實是願意分享,但有個前提,那就是你們雙方有對等的實力和程

度，能從彼此身上交換利益或資源。與其他生命靈數相比，生命靈數 8 號人確實較少會願意無條件付出，因為性格裡的現實主義者 DNA，讓你們十分注重每件事物的結果及利益分配等細節。對事實和數據十分敏感的特性也凸顯出你們擅於分析找尋解方的特質，因為每做一個明智的商業決策才能替自己帶回和累積滿意的收穫與聲量。

具有卓越領導能力的生命靈數 8 號人，擅長以文字或其他方式說服他人，讓對方接受你們的建議與規畫。性格中堅定的決心和意志力，讓你們能夠有效管理和帶領團隊完成目標。高效率和結果導向的你們，善於規畫和統籌資源，一旦設定目標就會全神貫注地完成任務，換句話說，你們會排除一切阻礙成功的人或障礙，不達到目標絕不停止。

生命靈數 8 號人的堅毅、耐心與意志力，讓你們在面對挑戰和困難時總能堅持不懈，並且不計付出的時間和資源，只為了換來心中渴望的答案與結果。除了在工作表現上有著超強的意志力外，在財務和商業領域也有著

驚人的天賦，是天生的財富管理高手，首先會先從管理支出和購物欲望開始，再來學習股票或其他投資相關技能，幫自己創造更多被動收入，透過正確的投資選擇或商業決策逐步讓自己成為財富自由者。

給 8 號人的叮嚀

建議追求成功和財富的生命靈數 8 號人，要創造且善用舞台向他人證明自己的專業和聰明才智，讓自己在追逐成功的路上比他人有更多的機會和嘗試的空間。

你們擁有務實且不懼怕面對挑戰的性格，天生具有高超的領導能力和鼓舞特質，總能帶領大家發揮自身最好的效能、取得最佳的結果，這強大的影響力將使你們成為團體中的最佳推進者。

生命靈數 9 被稱「大愛數」。生命靈數 9 號人擁有深厚的同理心與體貼之心，除了願意花時間和精力關心他人福祉外，對於地球環境和其他生命體也都願意無私奉獻，給予實質上的幫助或分享資源。對生命靈數 9 號人來說，將資源放在有需要的人身上再多都值得；反之，如果將資源提供給不珍惜的人，即使只是一塊錢都是浪費。壁壘分明的態度讓你們的評價十分兩極，特別是不熟悉你們的人，會覺得你們並非真的大方，因爲你們不是什麼人都幫，而是有一定的篩選機制。因爲生命靈數 9 號人認爲，若決定要出手相助，不僅是願意貢獻自己的時間，也會分享自身累積的專業與資源，爲對方所求之事盡上全力。

特別是如果對方的目標是爲了拯救地球環境或其他公益團體，你們更是會不遺餘力地幫助對方完成目標。

除了樂心助人外，生命靈數 9 號人在藝術和創造力方面也有著鮮明特殊的天賦。感知力十分敏銳的你們，能夠透過多樣的藝術形式來表達自己的情感，讓身邊的人能夠理解且感受到你們內心想要傳遞的訊息或理念。

隨著年紀和職場閱歷的增長，生命靈數 9 號人會對生命的意義及哲學類問題產生興趣。你們不排斥以宗教、冥想或諮詢的方式獲取智慧和啓示。對於靈性有強烈追求和渴望的你們，相信宇宙的力量，也會向宇宙許願祈求自己夢想實現的同時也增加自身心靈的成長和覺醒。這樣的自我操練使得你們對家人或認定的朋友是非常慈悲和寬容的，能夠容忍他人的錯誤和不足，並且願意給予第二次的機會，許多時候是因爲你們曾經被這樣對待過，所以願意以同樣的方式對待身邊之人。

溫蒂姐

給 9 號人的叮嚀

建議有著強烈社會服務意識的生命靈數 9 號人，在致力為社會和人類進步做出貢獻的同時，也要在每天或每週有一段固定的時間，將目光轉回自己身上，藉此找到自身的需求與期待。

請記住，關心他人的同時也要好好照顧和體貼自己，適當且足夠的休息除了能讓你們喘口氣外，更是你們充電的時刻，這樣才有足夠的能量和智慧為你們所處的環境、所接觸的對象而努力，讓他們因你們而能被正確的關注和對待，進而帶來改變的契機。

請更有規畫性地付出，你們將是為這個社會和世界帶來積極改變的關鍵人物。

生命靈數九宮格中沒有的數字

生命靈數九宮格裡沒有出現的數字，

代表一個人天生缺乏的特質。

瞭解缺數所造成的影響，

進而掌握平衡或補上缺失能量的祕訣，

讓生命靈數發揮更積極的助益。

沒有數字 1 的人

沒有數字 1 的人喜歡團隊作戰，希望與團隊一起完成任務，而不是以單打獨鬥的方式面對挑戰，因為你們相信團結力量大，特別是集結眾人的經驗和專業，能提高成功機率，同時減少出錯的風險。

沒有數字 1 的人並不渴望擔任領導或領頭羊的角色，而是享受在團體中的安全感、依偎感和互助感。相對於獨立思考並找出解決方案，你們更願意接受長官或有經驗者的建議和引導。本質上，沒有數字 1 的人不太擅長獨立思考，你們的創意通常來自集體創意發想的過程。這讓你們願意加入團隊，藉以學習和聆聽他人的意見，並在他人給出的建議基礎上進行規畫和執行。藉此，你們除了能獲得專業的建議外，還能因願意採納他人

指導而獲得對方的認可，這雙重的獲得會讓你們更加安心和放心，也讓你們更勇於嘗試和發揮自身的創意或想法。特別是在職場中，你們會主動爭取主管或前輩親自指導和交流的機會，讓自己遠離失敗和錯誤，並且能更接近成功。對於沒有數字1的人來說，隸屬於團隊中的一員，除了能感到舒適和自在外，也能夠因此享受更多資源與合作機會，通過団隊設定的共同目標，讓他人成為自己追尋夢想的推手和助力。

整體而言，沒有數字1的人會表明希望成為團隊一員的意願，特別是在剛出社會或進入新群體時。你們期待身邊有經驗的人能協助進行分析和指導，幫助你們完成評估和選擇的過程，並成為你們在做決策前能夠商量的對象之一。願意成為追隨者的你們，在團隊相處上將更顯得體貼、願意聆聽且樂於分享，而這樣的性格特質也確實會為你們帶來更多的貴人和資源。

沒有數字 2 的人

沒有數字 2 的人在藝術、審美方面並不擅長，就生活層面來說，常需借助他人的協助和經驗，來提升自己在穿搭和配色方面的技巧。相較於其他人，你們可能較難準確判斷什麼樣的服飾和色彩最能展現你們的風格和特質，但這並不代表你們沒有審美的能力和標準，而是需要透過觀察和學習他人的穿搭風格與顏色組合，讓自己除了能多方嘗試不同的搭配方式外，也同時逐漸培養出自己的時尚風格和對美的敏銳度。

在與他人溝通時，你們傾向以直截了當、毫不拐彎抹角的方式來表達自己的意見和想法。對於你們而言，溝通是為了解決問題，如果為了要顧慮對方的感受或面子，而無法直指要點和錯誤，反而選擇需要耗費比較多時

間和心神的溝通方式，是極度沒有意義和效率的事情，尤其是處理棘手任務時，你們更不願意分心去照顧他人的感受，只想將精氣神花在解決問題上。然而，這種直接的溝通風格有時可能會給人一種嚴厲、不婉轉和不懂人情世故的印象。為了建立良好的人際關係，建議你們可以試著使用更柔和體諒的語氣來傳達自己的意圖和想法，當你們願意換位思考，便能比較容易理解他人的感受和觀點，將有助於促進彼此之間的溝通和理解。

整體來說，儘管你們在藝術審美和溝通方面可能會面臨一些挑戰，但仍可通過不斷學習來提升能力。同時透過觀察、實踐和多關注他人，可以逐漸培養出更好的審美眼光和溝通技巧。最重要的是，保持開放的心態，願意接受新的想法和觀點，這樣你們就能夠在藝術欣賞和人際交流上不斷進步。

沒有數字 3 的人

　　沒有數字 3 的人在創作或創意上比較不在行。嚴格來說，你們的創意發揮較多時候是靠學習和參考範本延伸而來。擁有出色模仿和學習能力的你們，可以說是匠人型的最佳工藝展現者，可以完美還原或優化他人的作品，但在原創能力和創意方面，相比較下，則較為薄弱。如果面臨到需要獨特創作或發想時，可能會有一些困難，因此需要依賴他人的協助或參考其他作品。

　　此外，你們在待人處事上少了一些彈性和幽默感，給人一種傾向按部就班做事的鮮明印象，以及較不擅長應對變化和處理突發狀況。這使得你們在面對新情況或意外事件時容易感到不太自在，有時甚至會出現緊張的情緒，這些擔憂恐懼的情緒也是使你們

看起來較少幽默感和較難靈活處事的原因。

　　然而，上述困難並非完全無法克服。雖然創意、幽默和不按牌理出牌等特質不是你們的強項，但學習力極高的你們，只要願意，都能透過不斷的學習和實踐來累積、啓發自己的原創能力和創造性思維，並找到屬於自己的獨特風格。

　　建議沒有數字 3 的人，要更有意識地培養彈性思維和應變能力，將有助於應對不同的情況。在幽默感方面，則可透過接觸各種表演、閱讀幽默作品和觀察他人的幽默表現等，都有助於拓展視野，並豐富幽默感。

　　最重要的是，持續努力，並保持開放的心胸去面對生命中遭遇的人事物，這些都將幫助你們學習新技能和嘗試新方法。你們具有超越自我局限的潛力，勇於接受挑戰，終能在創作領域中取得令人驚豔的成就。

沒有數字 4 的人

沒有數字 4 的人性格上通常比較孤僻、想比較多，而且不愛主動與他人交談，對於人際關係上的親疏分層原則十分堅定與堅持，對於內心認定的家人和好友會非常大方，願意將自己累積的財富和資源與對方分享。你們認為錢再賺就有，但與重要的親人、夥伴相處的時光和回憶則是無價的。

大部分沒有數字 4 的人在投資管理和財務分析方面的能力較低，花錢容易大手大腳，而且對生活品質要求較高。許多人會覺得你們的性格有一點矛盾，在金錢用度上大方而不拘細節，但只要關聯到個人名聲與面子問題時，你們便會拿出極高的要求來確認其細節與價值。在意對錯與真實性的你們，不會因為利益而低聲下氣求人，你們相信真理走遍天下。雖然性

格中帶了一點堅持感和傲氣感，但你們對於利益分配和資源比重不會斤斤計較，同時也不是貪小便宜之人，物質追求並不是你們生活的唯一重心，如果分享部分金錢能夠求得內心的富足與平衡，那就值得了。

另外，沒有數字 4 的你們在執行力上比較薄弱，容易拖延、懈怠，需要一些外力或讓你在意之人的激勵和威脅來協助克服。請務必認清自己不擅長時間管理的事實，如果身邊有願意督促、提醒你們的人，請不要因為不是你熟悉的狀態而抗拒他人的督促，請提醒自己最重要的目標是確保任務能及時完成。

只要願意瞭解和承認自己性格上的優缺點，並找到適合自己的方法來處理事情，例如培養自律和時間管理的能力、向外尋求目標和動機、與他人互助合作等，就能突破你們性格上的弱點，往更全方位的狀態前進。

沒有數字 5 的人

沒有數字 5 的人對於新的觀點和資訊比較不堅持己見，願意配合大環境或主事者的需求而變動或修改自己的立場或想法。處事溝通上的彈性，以及不輕易表露內心真實想法的特質，讓身邊的人會覺得你們很像牆頭草，西瓜選大邊，不到最後一刻絕不輕易表態。你們看重在意之人的想法和評價，有時甚至會因好友或懼怕掌權者而放棄自己的想法，只為了能成為團體中的一員，即使方向是錯誤的，或是可能會傷害到他人，還是會選擇支持。這是因為你們希望在意的人能肯定你們，並且將你們視為知己。對你們來說，成為重要人士眼中的忠誠代表是件非常重要的事情。

你們容易受到外界環境或輿論影響，特別是當自己不清楚想要什麼的

時候，若此時能遇到願意教導和耐心陪伴你們的人，就會欣然接受，並將對方提供的建議和方向視為準則。你們渴望生命中能有一位或數位如定海神針般的人存在，他們除了能讓你們的心情穩定外，也能讓你們在出現疑惑時有隨時能確認對錯和討論的對象，這股被照顧的溫暖能量讓你們得以不畏挑戰，同時不再低估自己。

由此可見，擇友是你們人生中相當重要的課題，一定要謹慎選擇，因為你們的學習能力超強，會不知不覺模仿他人的行為和特質，然後漸漸變成自己的習慣與信念。因此，你們一定要多與正向思考的人接觸，藉由他們的引導與激勵，走上正確的道路，並激發獨立思考與自我探索的能力，發展出擁有堅定自我意識和不懼展現自主性的人格。

人生真的很長，不論現在的你們是否擁有獨立思考和不畏懼展現個人想法的特質，都鼓勵你們不要過度依賴他人的建議和肯定，找到自己身上的優勢和價值，這樣才能建立深厚的自信，而這將成為你們面對挑戰和追求夢想時的重要支柱。

沒有數字 6 的人

沒有數字6的人性格十分坦率，與他人溝通和交流時也十分直言不諱。平常性格上十分溫順且待人友善的你們，不會主動製造事端，然而你們一旦感到被欺負或被侮辱時，也不會過度壓抑內心不滿的情緒，而會讓一切瞬間爆發，並直接表露心中的不悅及憤怒。在語言表達上，你們偏主觀、犀利且直接，容易把自己的想法強加於他人身上，給人一種強勢且咄咄逼人的感覺。

缺乏6這個數字的關係，讓你們在感情表達和經營上容易遇到比較多的困難與挑戰，因為不善虛假的你們，不僅很難為了贏得對方的芳心而花言巧語，也很難接受他人虛情假意地撒嬌，根本是打從心底看不起那些行為。如此直來直往的個性使你們有時

會扼殺掉與他人在曖昧時期的火花。

雖然你們過於直率，但也代表你們擁有眞誠和誠實的優點。由於不善於隱藏情緒，你們會以直接且透明的方式經營人際關係，與你們相處過的人都會驚覺到其實你們的心機沒有謠傳的那麼重、不會背地裡害人，與你們深度交流後通常都會贏得更多友誼。

但是，並非每個人都有足夠的時間認識那個不說假話的你，所以建議你們還是要學習以較緩和的方式表達己見。請記住，人人都希望自己在分享時他人能好好聆聽，若能以圓融的方式來溝通，即使雙方意見相左也不致傷感情，同時又能維護自己內心眞實的想法與堅持，不需爲了環境或權勢而過度犧牲和委屈自己。眞實展現自我與溫柔體諒之間是不衝突的。請相信，只要願意學習，你們與他人的愛情或友情也會產生更深厚的連結。

沒有數字 7 的人

沒有數字 7 的人，因為成長的經驗累積，會相信且認定個人的努力和實力才是致勝關鍵，不會過度依靠老天或運氣，堅信成功和財富都需要靠自己的努力和付出才能獲得，也較少做白日夢或是空想未來。看過一些天生好運的朋友和主管後，再跟自己的經驗對比，沒有數字 7 的你們知道自己沒有那樣的天降福氣，唯有通過自身的實力和付出才能擁有扭轉乾坤的機會。

沒有數字 7 的人不會給人強烈的距離感，也不會用懷疑的態度對待身邊之人，十分願意與他人建立真摯且深厚的關係，總能讓跟你們接觸的人感受到你們性格中好相處的那一面，以及沒有壓迫又溫暖舒適的感覺，讓身邊的人都十分樂意與你們相處或共

事。

雖然沒有數字 7 會讓你們的直覺力沒有那麼鮮明，幸運度也比較低，以及面對選擇時需要付出較多心力進行分析與評估，但這一點都不影響你們的心態，更值得驕傲的是，你們打內心認爲只要最終能夠達到目標，即使需要多走一點路、多繞幾個彎也沒關係。

總是以實際行動來展現自我特色的你們，在追求目標和夢想之路上，雖然辛苦了一點，但你們始終相信，通過實際努力和堅持所獲得的成功將更甜美、更珍貴。這種自信且積極的態度，爲你們贏得主管與合作對象的大力讚賞與尊重。雖然你們在分析能力上可能略爲受限，但務實和任勞任怨的行事風格爲人際關係帶來豐富且溫暖的能量，一路走來累積的友誼和人脈也都將成爲職場或創業路上的支持力量。

沒有數字 8 的人

沒有數字 8 的人內心有一本對這個世界的執行手冊。你們的內心堅定，不會因為對方的權力、地位或財富而改變自己的想法，或者迎合對方，相信人生而平等，每個人都應該堅守自己的觀點，並尊重他人的想法，不須因任何現實環境或其他因素而改變或低頭，因此許多人會說你們有一股臭脾氣和傲氣。

你們的個性隨遇而安，不被權力欲望所壓迫或過度影響，特別是在事業和金錢方面，抱持著較為隨緣、努力多少就只拿多少的態度，不會為了追逐財富而犧牲自己的價值觀和原則，但無欲無求和謹守本分的特質有時反而會為你們帶來機運和資源，使你們無意中獲得成功和發展的機會。位居高位或手握資源之人，會被你們不畏

權力和財富束縛的性格吸引，反而會主動打探，希望能夠成為你們逐夢之路上的支持者，也就是說，正是你們真實和堅定的態度，讓你們更容易贏得他人的信任和支持。

沒有數字 8 的人不愛與人攀比，不被權力、地位所迷惑，在團隊中會主動表達合作意願，也願意為了和諧而退讓。你們的謙遜和真實著實讓人感到舒適和放心，無私和守本分的特質則讓認識你們的人會想主動提出合作邀約，一起創造雙贏的機會和舞台。

不會為了個人利益而不擇手段的你們，憑著沉穩可靠的特質，在職場和人際關係中贏得他人真正的欣賞與信賴，這將使你們擁有豐厚且互信度高的人際關係。

沒有數字 9 的人

出生於二〇〇〇年後的新世代，沒有數字9的機率相對較高。沒有數字9的人，面對普世價值或社會期待等議題時，容易呈現出比較冷漠和不表態的態度。缺乏同理心和同情心是大多數人對你們的評價。對於他人的需求，你們會需要對方提出確切的證明，必須看到眞實的數據或事實後，才會考慮是否提供協助或支援，並不會因爲片面之詞就相信或給予援助。

沒有數字9的人較少顯露內心眞實的感受與情感，也較不願意主動提供協助或關心他人的需求。其實沒有數字9的你們並非完全沒有同理心或同情心，只是需要比較長的時間來確認資訊和眞實度，一旦確認並理解對方的狀態後，就會願意打開心房，開始與對方建立關係和信任。建議沒有數

字 9 的人可以多參加一些回饋社會與社區的志願服務活動，當你們親身體驗到幫助他人的意義和快樂時，就會發現有時不問結果的付出也是滿幸福的。建議可以多學習溝通技巧，將有助於你們理解他人的感受和難處，讓你們有機會展現對他人的關懷與疼惜之心。

沒有數字 9 的人在面對社會和他人需求時，第一時間會選擇以懷疑、謹慎的態度或冷處理的方式來應對，但其實你們只是害怕被欺騙，或是擔心資源被濫用，而拉高了審核標準。建議你們不妨多接觸相關的社福團體和單位，多瞭解哪些人或地區是真正需要幫助的，當你們親眼看到被你們幫助過的人能有翻轉生命的機會時，便會不吝伸出援手，繼續關懷向你們求助的人。

生命靈數三階段

生命靈數可分為三階段：形塑啟蒙期、厚植壯年期和豐收晚年期，分別可進一步分析每個人的特質、危機和突破點。簡單介紹於下，待後面的單元再做更詳盡的說明。

形塑啟蒙期（0～30 歲左右）

這個階段主要是成長與學習的時期，對個人未來發展有重要的影響。生命數字在此一階段展示出個人的潛力、天賦，以及學習和成長的方向，而藉由這些數字，你可以瞭解一個人的內在特質。透過教育和社會經驗，人們有機會發掘自己的才華和能力。學校和家庭提供了豐富的學習環境，讓人們能夠不斷擴展自己的視野和能力；而社會經歷則提供了寶貴的見習機會，讓人們發展出良好的自我形象和自信心。在這個階段，鼓勵大家應該持續追求和累積多元化的知識和智能，藉由不斷學習和嘗試的過程，發掘出自己的潛力與才華。

厚植壯年期（30～60 歲左右）

這個階段是人生的轉折點，從事業和家庭角色，轉變到個人對生命意義和價值的探索。生命數字在這個階段指出了個人的人生方向和目標，協助你找到生活與工作的最佳平衡點。在這個階段，人們需要花時間反思過去的經歷，檢視自己的成敗，並從中獲取教訓。這種自我反思有助於確立人生目標，並找到自己真正在意的人事物。這也是一個重新發現或培養第二專長的機會，大家可以用自身的專

業和研究為基礎，開始挑戰既有的觀念和限制，尋找新的方法來實現夢想。藉由不間斷的反思與探索，你將能體驗因豐富創造力所帶來的新轉變與新契機。

豐收晚年期（60 歲以上）

這個階段是生命中的最後一個階段，也是實現人生使命和完成生命目標的重要時期。生命數字在這個階段將幫助大家回顧和檢視個人的生命經驗與智慧，以及個人所留下的成績和傳承。在這階段，每個人都需要回顧和反思自己的生命經驗，包括成功和失敗、喜悅和悲傷，以及所學到的教訓和智慧。透過這階段的反思與檢視，能更有邏輯的將過去學習到的智慧和價值觀傳承給後代，為他們提供指引與祝福。來到豐收晚年期，也代表著該享受過去打拚的甜美果實了。不論你是一個人，還是有另一伴相陪，都能以更輕鬆自在的方式過日子，並專注於追求自己真正喜愛和感興趣的事物。生命數字在這個階段的指引是幫大家找到屬於自己的生命目標和使命，並將其融入到每一天的生活中。

從生日探索人生三階段 I：

形塑啓蒙期的「生月數」

形塑啟蒙期從嬰幼兒時期橫跨至成年初期，

由生月數便可窺得其中的奧祕，

藉以瞭解自己在此一階段的潛力與特點，

進而探索個人興趣與未來方向，

為人生奠定好基礎。

生月數的意涵與
計算方法

形塑啓蒙期是生命中相當重要的階段，其長度取決於出生的月分，不同月分者的形塑啓蒙期長短和發展階段各有不同，這段時間涵蓋了嬰兒時期、幼童時期、青少年時期和低年齡成年人階段。

　　計算生月數的方法如下：

　　將出生月分的數字簡化到個位數。

● 1 至 9 月出生的人，生月數即為出生之月分。

　　例如：4 月出生的人，生月數為 4；9 月出生的人，

　　　　　生月數為 9，依此類推。

● 10、11、12 月出生的人，則需要將兩位數的月分相加，直到簡化至個位數為止。

　　例如：10 月出生的人，1 ＋ 0 ＝ 1，所以生月數為 1。

11 月出生的人，1 ＋ 1 ＝ 2，生月數爲 2。

12 月出生的人，1 ＋ 2 ＝ 3，生月數爲 3。

出生月的特質與優勢將幫助你確定自己在形塑啓蒙期的位置，並且更易於理解這個階段對個人成長的重要性。瞭解自己的生月數，可以幫助自己更深入理解自己與他人在這個階段的特點和潛力，進而以自身家庭環境爲基礎，再搭配個人興趣探索和展現個人潛力，在這個階段中建立良好的價值觀和人生方向。

生月數	第一階段年紀範圍
1	0 ～ 27
2	0 ～ 26
3	0 ～ 34
4	0 ～ 33
5	0 ～ 32
6	0 ～ 31
7	0 ～ 30
8	0 ～ 29
9	0 ～ 28

出生的人

1月出生的人擁有獨特而迷人的性格特質，對未知的新事物總是充滿好奇心與想要探究的渴望。面對與自己信念或觀念不一致的事物時，你們會展現出性格中固執的一面，而這份固執也是你們面對挑戰和困難時能夠展現驚人毅力和耐心的原因。你們相信「有志者事竟成」，每一個成功都是需要付出努力和時間的。不論在學生時期或剛出社會時，都展現了滿滿的戰鬥力，並且以實際行動展現自己願意為了實現目標而奮鬥不懈。

1月出生的人目標非常清晰明確，習慣先思考一切優劣勢後，才會開始著手設定具體的目標，並制定計畫來實現這些目標。你們是出色的策畫者和組織者，在追求夢想時不容易偏離軌道。面對壓力時，你們能快速管理

自己的情緒，展現冷靜的一面，並提出理性的方式解決問題，在緊急和充滿壓力的情況下依然能夠做出明智的決定。

1月出生的人非常有責任感，會用極高的標準來看待自己，特別是當項目或資料要提交給主管或合作對象時，你們性格中追求完美的因子就會展露無疑。事情一旦牽扯到其他人時，你們會變得比較緊繃，不容許自己出錯。在朋友和家人眼中，你們是願意分享及提供協助的暖心代表。

1月出生的人一旦感覺到沒被尊重或能力遭受質疑時，隱藏在內心底層的頑固會毫不隱蔽地展露出來。面對質疑或惡意打壓的情況時，你們能堅持住自己的觀點和計畫，不願意妥協。

整體而言，1月出生的人充滿活力且行動力十足，一旦確認目標就會努力學習、親力親為，而且毫不馬虎。你們會在相對年輕時就開始為了成功和幸福的未來打拚，替自己建構出堅強的實力基礎。

2月 出生的人

2月出生的人是天生的創意者，具有超強直覺力，對於世界上的一切都能以同理心看待，也願意提供協助。你們擁有豐富的想像力和創造力，總能在與人交流或觀看資料、影片時，被激發出有別於過去的見解或解方。這跟你們擁有豐富且敏感的內心世界有關，獨特的思考模式及情感表達方式，讓你們善於在分析完局勢與資料後提出創新的策略與想法。

部分2月出生的人在藝術、文學、音樂等領域有相當耀眼的成績。直覺力敏銳的你們較能夠同理身邊之人的情感和需要，這使得你們成為優秀的觀察者和傾聽者，並能提供有效的解方和有力的支持。

2月出生的人待人溫暖且樂於付出，對於他人的需求和困境非常願意

伸出援手。你們非常重視人際關係，總是在團隊中扮演建立和諧氛圍的要角，並且樂於幫助他人實現目標。

2 月出生的人也被認為是理想主義者，對社會公義、人權和道德價值等議題十分注重，在時間和體力允許的情況下，會積極參與社會運動和公益事業。你們的理想主義總能激勵著眾人一起為了建設一個更美好的世界而齊心奮鬥。

整體來說，2 月出生的人富有創意和同情心，你們的想像力和直覺力會促使你們在大學階段開始接觸或嘗試成為翻轉社會的改革者。你們的存在，不論是對個人或團體都能發揮重要的作用，為世界帶來更多的美好和情感連結。

3月 出生的人

3月出生的人具有多元創意與善於說服他人的特質。你們亮眼的創造力、敏感度和不放棄的性格，使得你們在各個領域中都容易脫穎而出。

3月出生的人擁有豐富的想像力和創造力，有的人在藝術、文學和表演等領域中展現才華，有的則是以獨特的思考方式創造出令人驚豔的作品或提議，為大家帶來新的視角和啟發。

3月出生的人在性格上非常敏感，擅長藉由深入學習和理解周圍環境的方式，一探其中人事物的情感關係和歷史脈絡。這樣的敏感度使得你們成為優秀的觀察者和傾聽者，能夠快速與他人建立深厚的情感連結，並能快速察覺他人的需求和情感反應，提供最適切的支持和安慰。擁有堅強毅力且自律性超高的你們，總能以略帶幽

默的態度面對挑戰並克服困難。

　3 月出生的人被認為是積極、樂觀和熱情的代表，總是以開放的眼光來看待生活中的各種機會和挑戰。你們的熱情和活力也會感染周圍的人，並順勢激勵他人勇於追求自己的目標。

　整體來說，你們具有極高的創造力和敏銳度，讓你們能在藝術欣賞、創意發想和人際關係經營中嶄露頭角，除了在你們所從事的領域中獲得成功，也為世界帶來美好的影響。

4月 出生的人

4月出生的人擁有一種低調但深具影響力的能量，在人際相處和任務執行上，總有辦法讓人感受到你們的自信心、決策力及創造力，使得你們在各個領域中容易被看見、被賞識。

你們對於自己的能力和價值十分有信心，特別是在自己的專業領域，更會展現出不容忽視的決心。你們不會一天到晚炫耀自己的專業或資源，但若涉及工作或專業領域，你們在觀點對錯和決策邏輯上可是一點都不妥協。這種從骨子裡煥發出的堅定與決心使你們敢於面對職場中的挑戰，也願意被賦予高標準的期待。因為你們深信實力堅強的自己在壓力下更能保持冷靜和自信。

你們的行事十分果斷，會用自己的標準和經驗來分析眼前的問題，並快

速做出最合適的選擇。勇於選擇之外，你們也敢於承擔風險，因為你們的信念是「擇其所愛，愛其所選」。面對抉擇時，你們不懼怕也不猶豫，選定後便會全力以赴。

4月出生的人具有豐富的創造力，在年輕時就展現出個人獨特且創新的思考邏輯，並能將創意轉化為實際行動。行動力超強的你們，會藉著主動解決問題來創造嶄露頭角的機會。不懼怕挑戰和競爭的你們，十分積極追求個人成就。在群體中，你們的積極態度和感染力是最佳武器，讓原本只是你們個人的目標變成全體共同的目標，使你們成為團體中的核心人物；反之，如果拿來洗腦或欺騙他人，一旦被發現，大家將對你們避而遠之。

整體來說，性格中有一點頑固和衝動的你們，不達到目標絕不放棄，並且會排除一切阻礙前進的因素。但堅定且不輕易改變的特質，讓你們難免因此與人發生爭執和衝突。建議你們要練習從不同的角度思考，並從中學習知識和技能，這將打開你們的眼界，同時也能體悟到適當的安協反而會替自己帶來更多機會。

5月
出生的人

5月出生的人擁有讓人傾倒和動心的特質，生性熱情、自信而堅定，讓你們在生活和人際關係中獨樹一幟，並且被眾人所疼愛。你們對於生命中或職場中的挑戰不會選擇逃避，而會直面問題並找尋解方，即使面對突發狀況或失控狀態時，也能以樂觀積極的態度來面對，並能保持著旺盛的精力和滿滿的動力，眼前的困難反倒會激起你們更想征服目標的渴望。

你們對自己的能力和價值有著極高的自信心，對自己的判斷力和決策力也充滿信心。因為這樣的自信，讓你們在追求事業成功或個人成長時，十分堅定且不輕易改變。擁有超強毅力和耐力的你們，面對逆境與挑戰時，會因為太想實現目標而說服自己堅持到底，用強大的意志力走到最後一

刻，絕不輕言放棄。

擁有高社交能力且擅長關係建立的你們，所到之處備受歡迎，開啟一段關係並非難事，但如果過度急躁或急於證明自己的時候，性格中固執和過於自信的一面就會展露無遺。特別是你們在做決策時，第一時間不太願意聽取和採納他人建議，認識你們的人除了會覺得你們十分固執外，也會覺得你們不願分享，而且過度堅持自身手中的資源和人脈。建議你們學習放下擔憂和對他人的不信任，避免過度以自我為中心，多尊重他人的意見和想法。

整體來說，5 月出生的人是活力十足且態度積極的行動者和追求者，這讓你們對各個領域都充滿興趣，而且一旦投入就想要成功。請善用你們超強的人際關係及溝通技巧，透過分享來獲取更多人的認同和理解。最後，當你們願意尊重和接納不同的觀點時，也將更全面性的成長和發展。

6月
出生的人

　　6月出生的人十分細心、體貼，而且溫和、敏感又富有同情心，讓你們贏得大家的認同。以健談和友善聞名的你們，願意主動協助身邊的家人、朋友圓夢。溫和又善於聆聽的性格，讓你們除了能理解他人的需求和情緒外，也容易成為朋友和夥伴間想要商量和諮詢的對象。

　　高敏感度的你們能夠快速捕捉到關係及環境中的微妙變化，這讓你們更容易與他人建立深層的情感連結，為他人提供強大的情感支持、安慰和鼓勵。

　　創造力和藝術欣賞力也很高的你們，對藝術、音樂、文學、歷史或其他創意形式的產品都有濃厚興趣。擁有豐富想像力的你們，總能從學習或體驗中獲得刺激，進而發展出自己獨

特的觀點和解方。性格中自帶創造性特質的你們，在藝術領域、公關策略或需要創意思維的工作中非常容易脫穎而出。

　　6月出生的人看中且珍惜與親朋好友間的關係，與親友互動的順暢度與和諧度也會直接影響你們的情緒和心情。對於他人的評價和情感波動很敏感的你們，容易因為外界的影響而情緒起伏不定，甚至出現沮喪感。建議你們要學習情緒管理和自我抒發的能力，並加強心理彈性，讓自己在幫助他人的同時依舊能維持情緒的穩定和平衡。

　　整體來說，6月出生的人會以友善和體貼的態度來對待他人，善於與他人建立深度的情感連結。與他人交流的過程和吸收的知識，將會成為你們在創造力和藝術才華上的重要來源與能量，而善於吸收再優化的能力則會讓你們在群體中脫穎而出。

7月
出生的人

7月出生的人除了個性獨立之外，還自帶一股與他人不同的特質，也因為這神祕和高冷感讓你們容易成為人群中的亮眼之星。性格十分熱情、慷慨、貼心的你們，對於自己擁有讓人幸福的能力感到十分滿足與快樂。7月出生的人善於與他人開啓和建立親密關係，無論是跟親朋好友還是陌生人，你們都是以熱情友善且願意主動關懷的態度來對待對方，這也是為什麼你們能成為家庭和社交圈中重要角色的原因。

慷慨且樂於分享的你們，不吝嗇分享手中的資源和技術，對於認識之人的求救也會毫不猶豫就伸出援手。你們認為資源和優勢是拿來用的，特別是當你們是受到祝福且具有豐厚資源的人，沒理由不跟他人分享，也沒理

由不在能力範圍內幫助他人。這種慷慨的特質使你們容易成爲團隊中令人敬佩和喜愛的領導者。

7 月出生的人擁有豐富的創造力和想像力，對於藝術、音樂、文學等創意領域有濃厚的興趣，能夠以獨特的視角來看世界，同時也通過具有強烈個人特色的方式來傳遞自己的想法和理念。請將與生俱來的藝術家特質和熱情傾注到你們從事的領域中。

感應力和自我要求度高的你們，有時會比較情緒化和過度敏感。在意他人評價的你們，會因爲他人的喜好而情緒起伏不定，導致身邊的人覺得你們忽冷忽熱、難以捉摸，甚至有時會想要暫時遠離你們。建議你們要學習情緒管理，並且多練習如何穩定表達情緒、維持內心的平衡與和諧。

整體來說，7 月出生的人十分溫暖、慷慨又幽默，會爲了提供更好的解方而努力學習或收集更多資訊。期許自己能展現出豐富而令人驚豔的創造力，幫助需要的人解決問題和困境，這些特質讓你們成爲團體中獨特而溫暖的存在。

8月 出生的人

8月出生的人擁有令人驚豔且魅力十足的特質。你們在人群中非常容易脫穎而出，不必特意做些什麼就能吸引到他人的目光，身邊的人或主管容易被你們的領導能力和魅力吸引，會特別照顧或提供機會給你們。

8月出生的人在朋友圈中以具有高度自信和積極態度聞名，年輕時就知道自己的優越之處，並勇於堅持自己的理念，不因外在的壓力而改變自己的價值觀與目標。你們相信出現在生命當中的挑戰和困難，只是老天爺用來檢視你們的決心而已。你們內心那股強大的毅力和不輕易放棄的性格，敦促你們不斷追求卓越和成功，同時身邊之人也會因為你們的自信和積極態度而被鼓舞，成為接受挑戰和正向面對一切的人。

你們天生具有出色的領導能力和魅

力，只要善用自身影響力，就能夠讓大家成為你們的擁護者，而你們也能透過群眾能量來拉高、穩固自己的地位和重要性。你們在團隊中通常扮演分析和穩定他人情緒的角色，藉由有趣且專業的好形象，並搭配良好的溝通能力和熟練的人際技巧，引導和鼓勵團隊中的每個人，將大家的能力發揮到極致，並且願意將公司目標納入自己未來發展的目標之一，堪稱是職場界的最佳說服大師。

此外，8月出生的人懂得展現自身優勢，藉此獲得福利和資源，並樂於提出跳出框架的觀點和解方，讓你們成為主管眼中的紅人。但要注意的是，你們會因為手中掌握的資源增加而出現固執和自負的情況，你們會堅信自己的觀點且不輕易妥協。

整體來說，年輕時驅使你們進步的動力是不想輸的精神，以及相信自己比他人更優秀的自信。這股自信讓你們毫不忌諱也不隱藏想要成功的決心，比他人更容易成為領導者或意見領袖。儘管你們在行事風格上較為固執和自負，但時間會證明你們堅強的能力與技能，你們終將成為眾人羨慕與尊敬的人物。

9月出生的人

9月出生的人擁有理性、努力和謹慎的特質，只要跟你們接觸過或共事過的人，對你們的統籌規畫能力和細心度無不佩服。

9月出生的人傾向用理性和分析的方式看待世界。思維清晰、做事冷靜、善於觀察和分析情況的你們，在做決策前會仔細思考各種因素、風險和成功機率。相對於其他人，在做出決策前，你們願意花時間研究過去歷史中的經驗，避免出現重複的錯誤，同時也不會忘記收集、分析現況和市場資訊。

兼具感性與理性的你們，在解決問題和應對進退上有十分出色的表現。努力勤奮且自我要求高的你們，對自己的目標和任務有強烈的責任感和勝負欲。看重組織管理能力和時間管理技巧的你們，對於能在時間內完成任務會感到

很驕傲，收穫滿滿的成就感，這也成為你們追求卓越與成長的強大動力。

9月出生的人有一點完美主義，在意細節，並且十分要求精確性。你們相信魔鬼都藏在細節中，如果想要優於他人或保持領先，縝密的計畫和嚴謹的組織管理必不可少。這種謹慎的態度使你們在工作中表現出色，並且能贏得他人的信任和尊重。

但要提醒比較壓抑和謹慎的你們，要適當宣洩心中的壓力與焦慮，避免因為環境或其他因素造成情緒起伏過大，甚至將自己的焦慮轉嫁到他人身上。有時你們會刻意拉高標準，製造對方不夠努力和優秀的現象，只是為了合理化自己的高要求與某些不合理的期待。建議9月出生的人，當你們越想往上晉升，就越要學會放鬆，接受不完美，並找到內心安定的最佳平衡點。

整體來說，9月出生的人非常理性、勤奮和謹慎。你們的理性思維和分析能力使你們擁有解決問題和創造機會的能力，而創意加上務實的特質則使你們在工作和生活中較早就能取得成功，並成為出色的組織者和實踐者。

10 月
出生的人

10 月出生的人擁有積極和低調兩種截然不同的特質，使你們在人群中獨樹一格，給人一種有禮貌卻有點距離的印象。在與人相處時，你們會先以開放且包容的態度去認識、理解和定義對方，也會分享自己的人生觀和價值觀，藉此互相瞭解外，也明確傳達出自己的底線。

你們對待長輩或認識之人都十分和藹有禮。年輕的時候，你們將「0」的特質發揮得淋漓盡致，面對新事物及新朋友時會釋出善意，以友善、溫和與包容的方式主動與大家建立良好關係。當你們的能力和經驗逐漸成熟後，「1」的不服輸能量才會漸漸顯露。

對於你們來說，聆聽他人的分享與見解是取得新訊息和建立情感的好方法，既快速又精準。認分、謙遜卻不

輕易放棄的做事態度，則為你們贏得主管與他人的信任和肯定。

追求公平的你們，期許自己不因追求利益而違反道德規範。與他人相比，你們擁有良好的自制力，並能在壓力下保持冷靜和理性，遇到棘手和困難的任務時，總能冷靜且謹慎地做出明智決策。

你們具有豐富的創造力和藝術欣賞能力，總能以獨特的眼光看世界，並用適合的方式表達自己的創意和想法，使你們在藝術、設計、寫作等領域表現亮眼，並為群體帶來新的視角和革新。但在意形象及他人評價的你們，會因過度在意他人的意見和期望，而出現優柔寡斷甚至忽視自我想法的行為。你們需要學會相信自己的直覺，並培養獨立決策和完成任務的能力，不讓情緒影響潛力的發揮。

整體來說，10 月出生的人不會利用自己的權勢或地位占人便宜，會在自己的能力範圍內盡力找尋平衡和完成目標，並且盡力與人維持良好的關係。你們的創造力和保持開放的態度，使你們能夠用新的視角面對挑戰，不論在職場和生活中都能成為獨具魅力和強大影響力的人。

11月出生的人

　　11月出生的人，在還沒認識前會給人一種難以相處的印象。謹慎且比較內斂的你們不會輕易展現自己的情緒和感受，必須實際相處後才能感受到你們的熱情、忠誠和細緻。隨著相處，身邊的主管或合作夥伴會逐漸見識到你們的意志力和直覺力，你們便會漸漸嶄露頭角，並贏得大家的信任。

　　11月出生的人對感興趣的項目及想累積的專業會投入極大的熱情和時間。無論是在日常生活或工作領域，你們都會全心全意投入其中並追求卓越。不輕易放棄的信念使得你們能夠克服困難，並在追求成功的道路上持續努力。

　　11月出生的人在年輕時就清楚自己的目標與特長，會選擇適合自己且成功率高的道路。擅長以終為始來規畫

策略和設定 KPI 的你們，擁有堅定的決心和強大的意志力，會為了實現抱負堅持不懈，這種堅定的決心使得你們能夠戰勝困難、實現抱負。

深思熟慮且直覺力強的你們是擅長思考的規畫者，善於從多角度看待問題，並做出明智的選擇。直覺力強大的你們善於運用過去累積的經驗，即使在資訊不足、狀況未明的情況下也能靠直覺找到解方。你們非常珍惜自己異於他人的能力。但如果過度倚賴直覺，會給人固執和過於執著的感受，建議你們以開放的心態尊重並傾聽他人的意見，多接納新的觀點和想法。

整體來說，11 月出生的人熱情且目標明確，擁有堅定的意志力，促使自己克服困難並達成目標。請善用你們的統籌規畫能力，幫助大家能夠聚焦目標、放下情緒，達到最好的效果和成績。

12 月
出生的人

12 月出生的人具有讓人著迷和讓人想要跟隨的特質，熱情且樂觀的個性讓你們光芒十足，令人印象深刻。12 月出生的人以不輕易放棄和不懼怕打破局限的態度而聞名，不論面對什麼樣的挑戰都能保持積極樂觀。你們相信困難只是暫時的，只要信念堅定、持續嘗試，一定能夠完成夢想。這樣的特質使你們能以輕鬆幽默的態度來面對生活中的起伏和挑戰，並以堅強的意志力和豐富的創意來達成夢想。

想像力十足的你們喜歡探索新事物，享受提出新點子和發現新解方時的優越感，經常為團隊帶來許多靈感與想法。事實上，許多 12 月出生的人在藝術、文學、科學和商業等領域都有出色的表現。

你們的性格十分溫暖善良且推崇人

道主義精神，能敏銳察覺他人的需求與困難，也願意伸出援手。另外，你們對於社會發展非常關注，並積極參與各種公益活動，甚至會願意成為人道和公益議題的支持者或倡議者，是人類建立美好世界的重要推手之一。當你們太關注他人情緒或投入他人事務的時候，往往容易過於情緒化和敏感，因此建議你們加強練習情緒管理的能力，讓自己時刻保平靜和穩定，不因他人而打亂自身節奏。

整體來說，12 月出生的人十分樂觀且積極面對困難，不會只看自己的需求，總是以大局為重，有時甚至會因為想要成全他人而將他人的夢想變成自己的目標。重情重義的你們，隨著年紀和工作經驗增長，將更善用自身的能力替社會與他人帶來更大的力量和更深遠的影響。

從生日探索人生三階段 II：
厚植壯年期的
「生日數」

每個生日數都代表著特定的性格特質和能量，

具有其獨特的意義和象徵意涵，

反映了個體的優點、挑戰和潛在發展方向。

瞭解自己的生日數，

可以幫助人們更深入瞭解自己在這個階段的特點和潛力。

生日數的意涵與
計算方法

第二階段「厚植壯年期」是根據每個人的生日數字而定。生日數是通過計算一個人的生日日期而得出的單一數字，代表了個人的性格特質和傾向。這個階段的長度和特點因每個人的出生日期而異。每個人在這個階段都擁有獨特的形象和風格，這也是打造個人特色和累積職場成就的重要時期。在這個階段，個人的付出和努力將對晚年產生關鍵性的影響。

　　計算生日數的方法如下：

　　將出生日的數字簡化計算到個位數，直到得到一個介於 1 到 9 之間的數字。

- 1～9 日出生的人，生日數就是其出生日的數字。
- 10～31 日出生的人，需要將十位數與個位數的數字相加，直到簡化到個位數為止。

　例如：如果一個人的出生日期是 20 日，那麼他的生日數是 2 ＋ 0 ＝ 2。

　　　　如果某人的出生日期是 29 日，則其生日數為 2 ＋ 9 ＝ 11，

　　　　再進一步簡化為 1 ＋ 1 ＝ 2。

生日數	第二階段年紀範圍
1	28 ～ 54
2	27 ～ 53
3	35 ～ 61
4	34 ～ 60
5	33 ～ 59
6	32 ～ 58
7	31 ～ 57
8	30 ～ 56
9	29 ～ 55

生日數 1 ～ 9 的性格特質

生日數 ①／領導管理者

　　你們具有優秀的領導力、決斷力和創新力，通常能以強大的自信心和堅決的意志力來面對挑戰，並研擬應對計畫，也容易在挑戰中展現領導才能，藉以開創新能力和解決問題的才略。

生日數 ②／和平推崇者

　　你們的性格中富有合作精神、追求公平及敏感度高的特質，非常重視禮數，在人與人的相處上願意主動展現誠意，善於整合與分配，也擅長與他人合作，創造共好的成果。你們追求內外都能達到平衡與和諧的生活狀態。

生日數 3 ／ 創意發揮者

你們具有鮮明且優越的藝術欣賞和創作能力，在社交和表達能力上的表現也十分亮眼，喜歡參加藝術類的交流活動，藉此學習和獲取第一手資訊，讓自己一直都有話題或見解能夠跟他人分享與交流。

生日數 4 ／ 細節推崇者

你們的性格十分安穩沉著，具有良好的組織能力和務實特質，非常注重細節和分工，願意花時間做好分析和事前規畫，找到團隊成員們擅長且實力堅強的能力，讓每個人都能適性揚才，進而讓自己在生活和職場中保持穩定和安全感。

生日數 5 ／ 自由愛好者

你們渴望自由、享受冒險，擁有不懼怕改變的性格特質。你們需要藉由追求自由和改變的過程來證明自己的

價值與重要性。你們非常聰明，也非常認真，願意花時間探索世界，也願意讓自己親身體驗新事物，並且學習其中的奧妙。

生日數 6／暖心實踐者

你們願意關心他人，也享受關心他人帶來的滿足感，特別是對家庭成員，願意主動擔起照顧責任。家庭之外，你們也會將注意力放在身邊的朋友或職場同仁。關心他人、照顧他人和支持他人的過程會帶給你們幸福感，因為你們相信每一個真心的付出都能獲得對等的回報，尤其重視家庭責任與義務，可以做到毫不計較、全心付出。

生日數 7／真理追求者

你們擅長深度思考，對每件事情都會進行分析，而且直覺力和感應力也很強，能夠在安靜思考或分析資料時迅速突破盲點。喜歡獨立思考和深度探索的你們，對哲

學和靈性議題也很有興趣。

生日數 ⑧ ／生活實踐者

　　你們對於追求成功、權力和物質成就的欲望十分鮮明，願意爲功成名就或擁有令人稱羨的社會影響力而努力。你們具有積極追求財富且不服輸的特質，總是以經營者的邏輯和精神面對挑戰，只要善用領導能力就能帶領大家朝目標邁進。

生日數 ⑨ ／資源共享者

　　你們不太在意物質，追尋名牌服飾、包包等身外之物不是你們的生活重心。相較於物質，你們更加關注人道主義，不僅是對人，還包括毛小孩或其他需要援助的對象，都能以寬容、理解的心來看待，展現出無私的奉獻精神，期待看到社會變得更美好。

（更詳盡的生日數剖析，請見 Chapter 6 ～ 8）

Chapter

5

從生日探索人生三階段Ⅲ：
豐收晚年期的
「年分數」

從年分數可以看出一個人的晚年生活。

常言道：「要怎麼收穫就要怎麼栽。」

透過年分數的啟示，

將能提前瞭解你對退休生活的期待，

進而在壯年期設立目標，

為了將來的美好而努力。

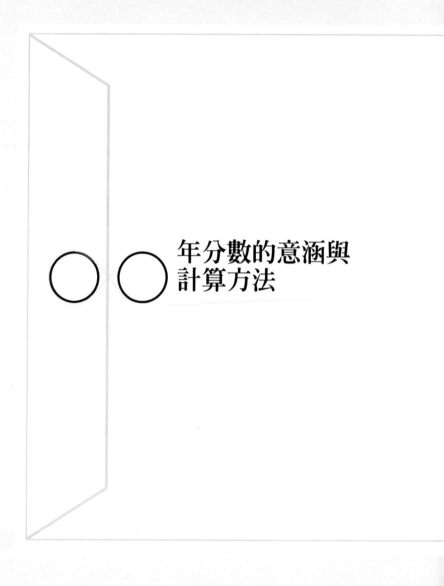

年分數的意涵與
計算方法

第三階段「豐收晚年期」是以每個人的出生年來分析，先將四個數字相加，再漸次加總至個位數，得出 1 ～ 9 的數字，即得出年分數。豐收晚年期的數字帶有啓發和暗示的意味，透過它能提前瞭解自己對於晚年或退休生活的期待，然後在厚植壯年期時能設立目標，努力累積，才能使未來達到預期的美好。

　　計算年分數的方法如下：

　　將出生年分的數字都簡化計算到個位數爲止。

例如：出生年爲 1979 年，其計算方式爲

1 ＋ 9 ＋ 7 ＋ 9 ＝ 26

2 ＋ 6 ＝ 8

得年分數爲 8。

年分數	第三階段年紀範圍
1	55 歲以後
2	54 歲以後
3	62 歲以後
4	61 歲以後
5	60 歲以後
6	59 歲以後
7	58 歲以後
8	57 歲以後
9	56 歲以後

年分數 1 的人

年分數 1 的人在晚年時擁有善於管理與樂於統籌的特質，讓你們成爲團體或親友間不可或缺的重要角色。你們隨著時間累積了許多的經驗和資源，除了讓你們能夠幫助更多人之外，也爲自己帶來不少好名聲與好評價。你們的經歷能夠成爲引領他人成功的基石，是大家請益的對象，藉由你們豐富的人生經歷，能夠幫助大家面對各種挑戰，並提供寶貴的建議，讓你們有較高的機率成爲深具實力與影響力的人物。

無論身處何處，你們自然而然就會扮演引領和啓發他人的角色，總能爲周圍的人帶來積極的變革和成長的動力。你們樂於以身作則，以智慧和洞察力幫助他人，並提供實質上的支持和鼓勵。

你們善於解決問題，具有卓越的決策能力和危機處理技巧，能夠為身邊的晚輩提供穩定的方向建議和策略規畫。除了出色的領導能力外，你們還具有協調團隊合作的能力，善於聆聽他人的聲音，總能找到平衡各方利益的方法，幫助大家放下歧見和擔憂，促進合作，達成共識。充滿智慧的溝通技巧和人際關係經營能力，使你們成為有效的中間協調者。

　年分數 1 的人在晚年展現出領導才能，不僅為人生帶來成就感，同時也會成為具有影響力且為人尊重的人物。你們的智慧、洞察力和勇氣成為傳予後世最重要的資產和影響，啟發後輩追求卓越，並為社會做出貢獻。

　年分數 1 的人會期許自己能有智慧和領導力，成為對社會有貢獻的人，因此你們會持續努力、不斷學習、追求成長，致力創造一個更好的世界。

年分數 2 的人在晚年時會進入真正享受和諧時光的美好時刻。年輕時，你們將較多的精力和時間放在追逐事業成就與社會地位上；晚年時，你們為了想彌補年輕時的遺憾，將會更積極與親朋好友保持緊密聯繫，也會更樂於參加社交活動，致力於促進家庭與群體的和諧，並打造一個公平且包容的環境。因為此時的你們深刻地瞭解和感受到家庭與友誼的價值，將其視為人生的重要資產之一。

年分數 2 的人冀求生活中的平和狀態，因而致力營造溫馨友好的環境，讓周遭的人都體會到溫暖與被體諒的感受，期許自己所參加的社交圈裡的每個人都能夠在和諧的氛圍中共同成長與扶持，創造更豐碩的收穫與價值。你們願意主動關心周遭的人，以尊重

的心與實際行動來支持、理解對方，進而建立起深厚的感情和信任關係。

放下追逐名利之後，你們會將焦點和精力轉向與他人建立情感連結，並以幸福快樂作為你們的生活核心價值。你們十分瞭解溝通和共享的重要性，願意花時間與他人交流、傾聽，以實際行動建立彼此特殊而珍貴的回憶和共同體驗，因此你們的朋友圈也會隨著年資或年紀增長而益加豐富，讓晚年時光充滿了溫馨、親情與親密感，進而帶來深深的滿足感和安全感，並為周圍的人帶來長久的快樂與平安。

年分數 2 的人會願意以關愛和包容為世界帶來和諧的力量，成為團體中的聆聽者、支持者和促進者。你們的溫暖和善良將帶出影響力十足的能量，讓周遭的人願意共創互相尊重與共融的環境。

年分數 2 的人在晚年展現出的和諧特質是生命旅程的結晶和禮物。你們以滿懷的愛心和正向喜悅的態度來享受人生的最後階段，並將此傳遞給周圍的人們。和諧的社交環境將為你們的內心帶來平靜和滿足感。

年分數 3 的人，即使到了晚年仍不放棄努力和學習，會繼續追求創造和表達自我的機會。對你們來說，一直走在時代潮流中，除了跟上世代之外，也是一種「我依舊可以」的象徵。你們對藝術、文學或創作領域興趣十足，願意將時間和精力投注其中，並會更加放膽的進行更多探索、嘗試和新舊融合的機會。透過這樣的嘗試和學習，不僅讓你們與時俱進，內心也能獲得滿足感，而且透過與人分享才華和智慧，也能清楚感受到自己從年輕時期累積到現在的價值，以及職場專業領域中的重要性。

在晚年階段，你們對展現創造力和表達自我的堅持不僅未減，甚至會更加強烈，願意花更多時間投入到藝術創作、寫作或其他創意活動中，藉此

傳達自己的想法和感受，盼能啓發或觸動他人的感受力和勇氣。致力探索各種藝術形式，帶給你們滿滿的成就感，而透過與人分享交流，則傳遞了好的價值觀給對方。你們將自己的創作視爲一種軟性且壓迫性低的社交媒介，透過交流與互動來豐富彼此生活。無論是參加展覽、讀書會，還是與志同道合的人交流，都讓你們十分享受其中的愉悅。

年分數 3 的人，晚年生活充滿了創造力，不懼怕展現個人想法與熱情，不只是爲了滿足自己，也希望能夠感染他人，進而替社會帶來創新和改變。你們希望自己累積的智慧和經驗能成爲與大家建立連結的橋梁，也將透過分享替自己的內心帶來豐富的富足感和成就感。

年分數 3 的人在晚年時期將展現無盡的創意和生命力。你們累積的財富、人脈及對新事物的好奇心，爲整個藝術和文化領域注入許多新的觀點和機會，帶來蓬勃的生命力，並爲整個社會帶來更多美的享受與啓發，非常值得大家學習，同時也鼓舞著他人，放手追尋更適切的自我表達方式和機會。

年分數 4 的人

年分數 4 的人在晚年時能夠享受長年積累的穩固社經地位，進入充滿平穩和安定的時期，並從中獲得滿足感與成就感。多年累積的實力與資源，讓你們在家庭和朋友圈中扮演著重要的角色，除了能給予大家建議和實質的資源幫助外，在組織能力和責任感等方面也是專業度十足且經驗豐厚。

年分數 4 的人來到晚年，通常都擁有堅實的經濟基礎和中等以上的社會地位，能夠幫自己設定經濟獨立且穩健的退休計畫，過著遊刃有餘、不需過度擔心財務的退休生活。為了讓自己擁有更多的自由和選擇，也為了追求和彌補過去因時間與經濟條件無法達成的夢想和興趣，你們會以享受和期待的心態來接受生活中的各樣挑戰。穩定的經濟能力也讓你們在家庭和群

體中扮演著重要的角色，是家庭的重要支柱。同時，你們也在群體之中扮演著積極的角色，以強大的組織力和責任感為大家做出貢獻和服務。總之，你們將能以實際行動為所在地區和領域的進步發展做出貢獻。

你們在晚年時通常會擁有一項以上的專業能力或身分，而且高度專業的形象將為你們的內心帶來很多自豪與滿足感。你們明白自己的價值和影響力，並樂於為他人提供支持和指導。你們的存在為家庭和大眾都帶來安定和幸福，同時也為自己的生活注入了意義和成就感。

年分數 4 的人在晚年時展現出穩定性、責任感和組織能力。你們的經濟實力和社會地位讓你們得以享受穩定優渥的生活，而你們也願意展現影響力，為周遭的人付出貢獻，帶來滿滿的幸福感，是意義十足的晚年生活。

年分數 5 的人

年分數 5 的人在晚年時將更樂於追求自由與冒險，要你們停下來或放慢腳步，基本上是不太可能發生的事情。對於你們來說，終於來到不用過度考慮家人或職場責任的年紀，你們將放大自己的感知力和接受度，更盡情享受探索多樣化的生活機會，致力於保持活力和年輕心態，透過旅行、探險或嘗試新事物，來尋求新的刺激和樂趣，讓生活豐富多彩，同時也展現出你們強大的適應力和吸收力。

年分數 5 的人對冒險和創新充滿渴望，不希望被年紀、社會傳統和例行公事束縛。你們渴望透過旅行和學習來擴展視野，藉由體驗不同文化、吸收多樣知識、嘗試新挑戰等為自己帶來新的成長與進步，同時也為生活增添興奮與激情。因此，你們會不斷努

力保持活力和年輕心態，讓年齡只是一個數字，期許自己不受限於此，深信生活中仍然存在無限的可能，會透過參與各種活動來維持自己的活力和知識新鮮度，並願意主動與年輕一代保持連結，將尋找新樂趣的積極態度融入日常生活中。

年分數 5 的人希望自己能對晚年做好規畫，例如財務比例與使用邏輯等。整體來說，不缺財的你們將更專注於退休生活，敢於嘗試新事物，並不斷挑戰自我。勇於探索的態度使你們的晚年充滿活力和樂趣，同時也能啓發和激勵身邊的人。你們的晚年生活將成爲一個精彩的冒險旅程，而你們也將成爲年輕一代的榜樣，向他們展示不要因爲年紀而停止追求夢想，無論何時，只要願意，都能創造精彩的生活。

年分數 6 的人在晚年時將更加享受與家庭成員共處的時光，願意投入更多的時間和精力來照顧子女、孫子女，以及生活中與你們有接觸的人。照顧的過程將帶給你們滿滿的幸福，因此你們會為了與所愛之人共度美好時光而努力。

晚年時期的你們，深知家庭的重要性，會將照顧家庭視為生活中最重要的事，把自身的溫暖、慈愛和關懷毫不猶豫地分享給大家，為所愛之人帶來幸福感和安全感。在照顧他人的過程中，你們能與對方建立更深的情感聯繫，感受到被需要，感受到自己的重要性，感受到無限的充實感和幸福感。每天真實的生活連結與細節都能讓你們覺得不枉此生，而且十分驕傲自己到了退休狀態還是能憑一己之力

成為大家的依靠。

　年分數 6 的人在晚年時會降低不必要的社交活動，全心全意投入照顧家人和所愛之人中，願意犧牲自己的時間和精力，以確保家庭的幸福與和諧。這種奉獻的行為不僅讓你們感到滿足，同時也為你們營造溫暖而有意義的生活。

　年分數 6 的人在晚年時將以照顧他人為樂，從中獲得無盡的喜悅。你們深深珍惜與所愛之人共度時光的機會，而這也是晚年生活中最重要的事情之一，同時也為你們的心靈帶來寧靜。總之，你們將以愛和奉獻燃亮整個家庭，將溫暖和珍惜傳遞到每個人心中。

　　年分數 7 的人在晚年時對追求知識的渴望將更加強烈，願意花時間深入探索事物，對於每一件事都想追求更深層次的理解，或者是爭取親自體驗的機會，並從中得到心靈與技能上的成長和滋養，比學生時期或職場階段還要積極。你們對於知識的追求永不停歇，並且會一直保持著開放的心態，願意深入研究各種主題，進而拓展自己的視野，並尋求新的智慧和啓示，讓自己的人生能往更高的層次提升，你們是「活到老，學到老」的經典代表人物。

　　年分數 7 的人也注重自我內省和思考程序，喜歡在忙碌的生活後能有一段沉浸於寧靜的機會，藉此探索內心的感受與收穫。你們會開始探索生命和宇宙間更深層次的理解，通過驗證

與探尋的過程，身心靈狀態將更加富足和平靜。

年分數 7 的人在晚年時會將更多的時間和專注力放在追求心靈成長上，對於靈性的探索和發展抱持著濃厚的興趣，願意投入時間去努力實踐。你們想要找出自我存在的價值與意義，有時會透過哲學、宗教或靈修的方式來豐富內在世界，並找到心靈上的寧靜與滿足，有時也會遠離塵囂，或者投入探索未知領域和靈性課程的學習，豐富自我成長的能量與基礎。

喜歡沉思的你們，會花時間尋找生命的意義，讓自己不再被他人的言語或情緒牽引，而這將讓你們的晚年生活非常充實。年分數 7 的人將以你們的智慧為周圍的人帶來啓發，成為他人晚年生活的指南，帶領自己和身邊的人探索更高層次的人生意義和存在價值。

年分數 8 的人

年分數 8 的人在晚年時將收穫豐碩的成果和成績，特別是在事業和財務兩大方面。過去，你們在投資上或職場中已經幫自己累積了相當豐富的成果，到了晚年，將享受年輕時打拚的成績，過上穩定且富足的生活。

年分數 8 的人不僅重視個人的成就，也願意將部分收入投入組織或慈善事業中，以自己的力量在社會中發揮影響力。你們的理念是成功不僅是為個人帶來利益，也應該要適時回饋社會、造福他人。你們所貢獻的不只是金錢，還包括專業知識、經驗和人脈，都不吝提供給組織或慈善事業，而你們也會為自己晚年時擁有的堅強實力與能力感到驕傲與滿足。

年分數 8 的人，晚年時將非常容易扮演和擔任社會群體中的領袖人物。

你們的成功經驗和穩定財務爲你們帶來了權威和影響力，並積極參與社會事務，將專業知識和經驗用於改善社會和造福鄉里。你們的內心非常樂意回饋社會，也會在能力範圍內對社會做出一定程度的貢獻。所謂「取之於社會，用之於社會」，對你們來說，推崇財富和權力的最高價值便是用來造福人群。這種社會影響力將使你們的晚年生活更有意義，而你們也將以身作則，啓發並鼓勵身邊的人，一起爲社會的發展和進步做出貢獻。

年分數 9 的人在晚年時將會花更多時間追求個人心靈成長，並且更加關懷他人與社會公益團體。你們願意在晚年投入更多的時間和精力參與慈善事業、社會服務及照顧需要幫助的人。這種奉獻和關懷他人的行爲將成爲你們晚年生活的重心之一。

年分數 9 的人明白一個人的眞正價值並非購買奢侈品或過奢華生活，而是能爲社會提供所需的資源與幫助。因爲你們相信「施比受更有福」，所以願將時間和精力奉獻給慈善事業，經常從事社區服務或照顧需要幫助的人們，而這種奉獻精神也將帶給你們內心的富足與心靈層面的成長。

年分數 9 的人在晚年時的奉獻行爲將成爲生活的重要動力之一，並持續追求個人心靈的成長與充實，這些都

將為你們帶來內心的快樂。將時間和精力投入慈善活動時，會讓你們對自己所擁有的一切感到滿足，也會對自己的能力感到驕傲，對他人的奉獻和幫助都將為你們的內心帶來富足與快樂。

細說生日數
1~9
的行事風格與速配職業

生日數透露出你的隱性特質和真實渴望，

除了能幫助你發現自我潛能，

還能找到最適合自己的職場領域，

讓你迅速竄升為公司紅人，成就感滿分！

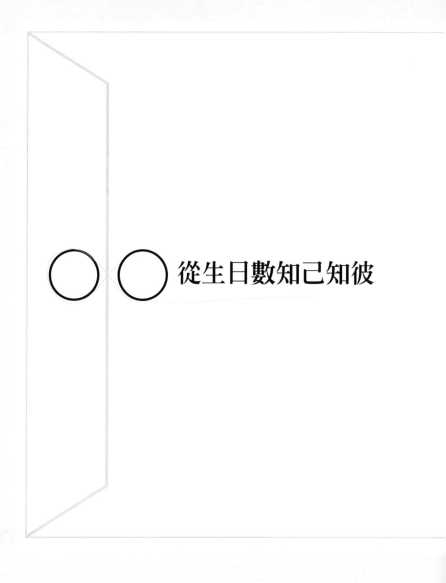

從生日數知己知彼

受生日數影響的年齡區間爲三十至六十歲左右。在這長達三十年的時間裡，大家經歷了出社會、求職、戀愛、婚姻及退休規畫等重要的人生時刻。當人們瞭解並掌握個人或他人的生日數時，等於一手掌握自己五子登科（金子、妻子、孩子、房子、車子）的時間，以及可以達成的最佳解方，同時也能讓自己以正確的方式認識對方，並善用對方的特質，在必要時刻讓對方成為自己追尋夢想、建構個人聲望的最佳推手。

　　這一章將帶大家認識生日數 1 ～ 9 的特質，並對出生日 1 ～ 31 日做詳細的剖析，幫助大家更精準地察覺自身的優勝劣敗，提前瞭解在三十到六十歲的職場打拚期中可能面臨的挑戰，幫自己制定合適的學習計畫與執行方案時，也適時借助他人的資源和專業，規畫出事半功倍、成果鮮明的最佳策略。

一定要懂的九大定律

- -

1. 設定明確的目標

制定具體計畫的過程，除了能幫助你保持動力外，還有助於更加專注在個人的職涯發展、財務追求及社會地位提升。

2. 持續學習和自我提升

「活到老，學到老」是二十一世紀的不敗原則，帶著積極的態度，以及對新知識和技能的渴望，能讓你享受持續學習和成長的過程。

3. 建立良好的人際關係

藉由與同事、上級和下屬建立積極、高信任度的合作關係，有助更快達成目標。於此同時，必須培養有效溝通和解決衝突的能力，才能在面對困境時讓助力高於拉力。

4. 展現出色的專業態度

不因任務的難易度或重要性而影響你的處事方針，以積極主動、誠實守信和負責任的態度工作，能提升你在群體中的能見度，讓主管看到你的敬業態度和追求卓越的不懈精神。

5. 發展領導能力

除了盡責完成分內工作，更勿忘學習領導和管理的能力，提前預備良好的領導能力，定能提高晉升機率。因此，請讓自己擁有激勵和指導團隊成員的影響力，以及解決問題、做出決策的能力吧！

6. 建立個人品牌與風格

隨著工作年資的累積，要逐步而有策略的建立個人明確且專業的形象，不僅要累積專業的知識和技能，更要不吝與人分享經驗，讓自己成為他人尋求建議和協助的專家。

7. 主動尋找機會

不要被動等待機會的到來，請主動尋找機會，並積極參與新的項目或任務，藉由表達願意承擔責任的態度，讓自己有機會展現個人創新的想法和創意。

8. 平衡工作與生活

來到職涯中後期，要能掌握工作和生活的平衡點，確保自己有足夠的時間休息和娛樂，以保持身心健康，才能接受更大的挑戰。

9. 建立支持系統

在職場中後期，較難只靠個人的熱情或體力來持續前進，為了拓展視野，請建立自己需要的支持系統，並在職場互助系統中找到自己適合貢獻的位置，以及需要被協助的面向，幫自己建立最佳的貴人資源資料庫。

■出生日為1、10、19、28的人。
■自帶鎂光燈的你們,容易被推上C位,成為領導者。

　　生日數1的人天生具備領導力、決斷力和創新力,通常是充滿自信、行事果決的,並能在面對挑戰時展現卓越的領導才能與解決問題的能力。善於開創新道路的你們能勇於嘗試不同的方法和概念,以達到目的為核心目標。生日數1的人擁有能夠激發團隊潛力和引領他人朝著共同目標前進的能力,在面對問題和挑戰時,會以果斷的態度來處理問題,期許自己擁有快速決策、跳出框架的創新力,以及能夠獨立思考、規畫解決方案的能力。對生日數1的人來說,新方法和新策略是印證自我存在

最強而有力的證明。

　　生日數 1 的人非常享受在團體中擔任領導者的角色，能夠激發他人潛力、鼓勵大家以積極的態度來面對工作，並因此獲得十足的自信感和快樂感。擅長以清晰的目標和細緻的規畫將訊息精確傳達給大家。為了在工作中擁有足夠且正確的資訊，願意花時間傾聽他人的意見並融合各種觀點，以達到更好的結果。生日數 1 的人在解決問題上的表現非常出色，具有良好的分析能力和清晰的邏輯思維，總能迅速辨識問題的本質，並且找到解決方案，對於風險和挑戰的耐受力高，勇於承擔責任、迎接困難。

　　生日數 1 的人擁有超強創新力，不願意被過去傳統的方法給局限，勇於挑戰現狀，能以不同的角度看待問題，並提出獨特的解決方案，為組織帶來新的發展和成果。

　　整體來說，生日數 1 的人在領導他人的同時，也會被激發出新的方法和概念，為組織帶來新的想法和成就，因而成為卓越的領導者和傑出的創新者。

① 日出生的人

1 日出生的人擁有堅定的意志力和善於思考的特質，具有強烈的決心和毅力，能夠堅守目標，並專注於實現自己的理想。在面對困難和挑戰時，絕不輕易放棄，會積極尋找解決方案，並提出實用的建議。1 日出生的人也是執行力十足的人，不僅僅是提供建議，也願意親自參與執行任務，擁有實踐能力和計畫能力，勇於面對挑戰，並努力實現自己的目標。

但是，1 日出生的人容易因過度的情緒起伏而陷入紛擾，在追逐夢想的過程中需要注意情緒管理。有時也會因為過度在乎面子而變得敏感，對他人的評價和意見過於在意，甚至會以負面的角度看待一切。1 日出生的人需要學會平衡情緒、時刻保持冷靜，讓自己能以客觀的態度來面對生命中的一切，避免因為情緒波動而做出錯誤的判斷和決策。

整體來說，1 日出生的人以堅定的意志力、思考力和執行力著名，能夠提供實用的建議，並積極參與執行任務。只要多加注意情緒管理，避免過度放大情緒、過度敏感，

讓自己一直保持在良好的情緒狀態中，就能好好發揮潛力，並獲得更高的成就。

⑩日出生的人

10 日出生的人希望自己能成為群體的焦點，渴望在各方面都能成為他人欣羨的對象，因而努力展現自己的智慧和才華，以求成為眾人打從心底佩服的對象。10 日出生的人，與人相處時能充分展現出性格上的彈性及換位思考的能力，不預設立場的去理解他人的想法和原因，並願意以體諒的態度來對待他人。你們的性格圓融且善於溝通，因而能在人際關係中保持和諧。

當面臨棘手的情況時，10 日出生的人總能以遊刃有餘的態度處理問題，這都是因為你們具備了機智的頭腦和冷靜的特質，才能在高壓且緊急的情況下迅速找到解決方法，並有效地應對挑戰和困難。這樣的自信和決斷力使得 10 日出生的人能應對各種難題，並在困境中保持穩定和自信。

整體來說，10 日出生的人期待成為眾人的焦點，希望藉由展現智慧、才華和富有彈性的處事風格，與人保持和諧且互助的人際關係。你們的性格中有一點讓人十分羨慕，那就是當你們面臨困難和挑戰時，能以不慌張、不逃避的態度來應對，這種自信和決斷力會伴隨著職涯發展一路向目標挺進，並獲得他人的讚賞和尊重。

⑲ 日出生的人

19 日出生的人，性格中帶有一股頑強且堅定的特質，追求卓越，有強烈的學習欲望，總是會把握機會向周遭的成功人士學習，或是汲取他人做人處事的智慧，以求日益精進，並以成就自我為目標。19 日出生的人喜歡獨處，每完成一項高壓任務，會需要一段獨處的時光來反思、充電，在靜思中找到繼續往前的動力和目標，而且隨著年齡增長，這樣的需求更加明顯。你們是願意付出和貢獻的人，但前提是你們的內心要對自己充滿安全感與自信心，一旦達到此狀態後，便會將時間或金錢用於

社會中需要幫助的人群。非常關注社會公平正義議題的你們，也很願意站出來爲弱勢發聲。

19 日出生的人內心十分渴望被肯定，期許自己藉由實力的展現而成爲眾人眼中的專業代表。善於觀察環境和氛圍變化，經過仔細評估後，能以適切的計畫和引導讓大家都能展現最佳潛能，爲達成目標齊心努力。你們具有優秀的領導能力和影響力，獲得主管和同儕的認同與讚許，從而更增強自我的信心與動力。

整體來說，19 日出生的人有著極其堅定且固執的性格特質，追求卓越，並非常尊重與珍惜能跟前輩學習的機會。待有能力之後，會更加關注弱勢團體的需求，展現出公民應該具備的社會責任感，也願意擔任團體中的領導者，付出自己的時間和專業來獲得大家肯定。這些特質形塑出獨特且穩健的性格，隨著時間增長，19 日出生的人會逐漸成爲優秀且具有影響力的領導者。

28 日出生的人

28 日出生的人對於成功擁有非常強烈的欲望，渴望在各個領域中取得卓越成就，具有出色的頭腦及超強的主動性和持續力，擅長以巧妙的技巧和策略來解決問題，是足智多謀的實踐者，會為了目標與夢想付諸行動，並取得實質的成果與成績。過度依賴邏輯分析的你們，會忽略內心的直覺和靈感。過於看重結果而忽視過程，讓大家覺得你們固執且不善妥協。

在相處關係上，28 日出生的人有時會讓人感覺到一點點的強迫感，由於追求完美和成功的天性，一旦設定目標就不輕易改變，希望一切都能按照期望進行，這不僅給自己帶來壓力，也易使身邊的人感到焦慮。不輕言放棄及愛面子的性格也會讓情緒起伏較大，或容易受外在因素影響而發脾氣。建議要學習怎麼放鬆，平衡自己的情緒，以確保身心健康。

整體來說，28 日出生的人熱中追求成功及優異成果，具有出色的頭腦和高度執行力。你們的觀察力敏銳，加上善於運用良好的計畫與謀略，除了能事半功倍之外，

也能順利累積人脈與資源。目標導向的你們唯需注意情緒管理，降低並管理外在與內在產生的壓迫感，以穩定的心態求取成功，達到人生成就。

生日數

1

的

速配職業類型

● 適合從事能展現個人想法和創意的工作，以及能夠單獨作業和規畫的職業，例如設計、獨立創業、製作類等。
● 以觀察和學習能力見長，適合新創、導演或設計類型等需要發想的工作。

生日數 2

2

■出生日為2、11、20、29的人。
■善用資源與人際關係,追求圓融完美,是群體當中的關鍵人物。

　　生日數2的人是人際關係和創造力上的佼佼者,細心敏感且善於溝通,能藉由展現獨特的個人特質與執行的細緻度成為大家眼中的最佳諮詢對象。生日數2的人以和善體貼著稱,擅長傾聽,願意理解他人的需求,也願意提供支援和關懷,同時善於藉由資源與人脈媒合讓每個人的夢想都能實現,這使得你們容易成為身邊之人想要依靠和建立互信關係的對象。

　　生日數2的人善於與他人合作、協調差異觀點,在團隊中扮演協調者的角色。你們的合作精神和溝通能力使

得你們成為團隊中不可或缺的一員。

生日數 2 的人擁有敏感和直覺兩大特點，能夠敏銳察覺他人的情緒和需要，同時也願意提供協助。性格中有優於他人的情感洞察力，使你們更能同理他人，並給予對方適當的支持和關懷。

生日數 2 的人會致力將和諧與平衡的狀態帶入所處環境中，深知「人和」是成功的關鍵，願意為了更遠大的目標而讓步。對你們來說，只要能夠達成目標，適當的妥協與退讓是十分有價值的。隨著年紀增長，你們會益加善於維持人際關係，並利用人脈幫助自己完成夢想。

生日數 2 的人願意主動展現友好態度，樂意與他人交流、學習，因而能夠建立較深入的信賴關係，使你們成為受人歡迎的朋友和夥伴。

你們在藝術和創造力方面的表現也很出色，能夠將自己的情感與想法透過藝術形式表達出來，使你們擁有獨樹一格的魅力。

整體來說，生日數 2 的人擁有和善、體貼、願意協作及敏感細心的特質，將這些特質展現在人際關係和創造

發想上，可以為你們的生活和工作帶來無限的豐富感與
滿足感。

② 日出生的人

2 日出生的人善於交友，透過良善的溝通、高聯繫頻
率、相互交流資訊等方式，與他人建立深厚的人際關係。
社交能手的你們能讓各行各業的人聚集在一起輕鬆相處，
所到之處都廣受歡迎。

2 日出生的人有出眾的審美能力，對於事物的外觀和品
質也有敏銳的洞察力，具有獨到的眼光，喜歡追求高品
質和優雅的事物。

2 日出生的人在做決策時容易過度依賴他人，而且希望
能取悅眾人。當你們過度在意他人時，可能會使你們失
去判斷力，甚至會因為想要取悅對方而放棄自己的立場
和原則。建議你們能多一點獨立思考，並增加一點堅守
個人意見的勇氣。你們的好並不是因為順服他人，而是
你們值得被這樣對待。

整體來說，2 日出生的人具有出色的人際互動和資訊交流能力，也擁有出眾的品味及創造力。在做決策時，請時常提醒自己不要過度依賴他人，而忽略了自身的專業和能力。請培養獨立思考與下決定的能力，如此才能好好發揮實力，在人生中取得更大的成就。

⑪ 日出生的人

11 日出生的人擁有強大的直覺力和自信心，擅長理性思考，適合從事縝密的分析工作。這個特質使得你們在解決問題和做決策上有著優於他人的表現，總能在分析評估後做出最明智且合適的選擇。

11 日出生的人對於他人的評價相當敏感和在意，導致你們容易過於關注他人的看法，久而久之將會影響到自己的情緒和自信心。

11 日出生的人自信、固執卻又猶豫、膽怯。擁有如此矛盾的特質，使你們有時會十分堅持自己的立場，有時又會因為他人的三言兩語而猶豫不決。這兩種情緒波動

會使你們在口語表達和實際行動上出現不一致的現象，讓人覺得你們只會紙上談兵，卻沒有實際作為，即使你們的計畫十分細膩又獨特，但過度搖擺的行為模式難以讓人立刻信服。建議你們要好好掌握自身情緒與行動間的平衡，別因猶豫不決而錯失表現舞台，也要多透過展現行動力來表現自己的能力。

整體來說，11日出生的人具有強大的直覺力和自信心，也擁有縝密的分析能力。請不要過度在意他人對你的評價，學會讓自己的情緒時刻保持穩定，這樣就能好好發揮潛力，並取得更大的成就。

20 日出生的人

20日出生的人情感豐富，能敏銳感受到自己和他人的情緒，並能夠以真摯的態度來回應情緒，同時與他人建立深厚的情感連結。你們溫和善良的特質，以及溫暖體貼的交友方式，讓你們成為大家心中善解人意的人。

20日出生的人通常具有豐富的創造力，喜歡探索新的

思維和觀點，並能運用創造力來解決問題或創造美好的事物。你們擁有豐富的想像力，善於在各種情境中找到創意的解決方案，讓你們擁有最佳解方代表的美名。

在人際關係方面，善於溝通和傾聽的你們，能與不同背景和個性的人都建立良好的互動。你們也願意投入時間和精力去理解他人的觀點，並建立互相尊重和信任的關係。

20 日出生的人具有強大的耐力和彈性，面對困難和挑戰時絕不輕易放棄，不達目的絕不罷休。你們對於新事物的彈性及靈活的應對能力，讓你們能夠快速找到因應之道，並以合適的方式讓大家的期待與夢想都能夠實踐。你們致力建立和諧關係，總能夠以和平的方式解決衝突。

整體來說，20 日出生的人以情感豐富、熟練的人際關係技巧和彈性思維著稱，善於表達情感、理解他人，並能夠運用創造力解決問題，擁有超強忍耐力和追尋和平的價值觀，讓你們能夠適應不斷變化的環境。

㉙ 日出生的人

29 日出生的人受到數字 2、9 和 1 的能量影響,同時具備了知性和感性,非常重視精神層面的交流。

在人際關係上,你們的好勝心會讓你們暗自用較高的期待和標準來看待身邊的人,當對方未能達到你們的期望時,就會立刻感到不滿和失望。害怕衝突卻又追求高效的性格,使你們容易陷入情緒糾結的困境,當你們內心掙扎時,會讓你們難以有效地表達自己的需求與期望,導致人際關係陷入尷尬的局面。為了克服這些挑戰,建議你們可以努力培養自信心,勇於直接表達自己的想法和需求,並學習處理衝突的技巧。請將焦點放在自己的成長和進步上,透過培養良好的溝通能力和處理情緒的技巧,便能跨越情緒糾結的障礙,開展前進的道路。

整體來說,29 日出生的人既知性又感性,非常注重精神層面的交流。你們在人際關係中表現出競爭心和好勝心,對他人的要求較高,卻不敢直接表達。當他人未能達到你們的期望時,會感到失望和不滿,甚至造成情緒上的困擾。建議你們除了盡量維持情緒平穩之外,可以

選擇加入較有制度的公司，多跟情緒成熟度較高的人相處和學習，藉由穩定且系統化的練習過程，培養自信心、良好的溝通能力和處理情緒的技巧。當你們能更有效平衡理性與感性時，就能夠順利克服上述困難，成爲一個兼具知性和感性之人。

生日數 **2** 的速配職業類型

- 適合投身需要高敏銳度、善於觀察、願意爲他人爭取權益、樂於推動社會改革和端正不公之事的領域，例如律師、顧問、心靈相關等需要接觸人群的工作。
- 以藝術能力見長，適合作家、舞蹈家或其他創作形式的藝術工作。

生日數

3

■出生日為 3、12、21、30的人。
■創作力豐富且童趣感十足，能享受跳出框架與創造風潮的愉悅感。

　　生日數 3 的人很享受看到他人因自己的協助而翻轉人生的事實。你們的創意十足，不怕嘗試，充滿活力與衝勁，並且懂得享受人生，是生活中最佳的實踐者和突破者。活力十足的你們不僅自己常保活力外，也願意積極將自身的能量和快樂傳遞給周圍的人。你們活潑開朗，是團體中引領大家享受歡樂氛圍的中心人物，擁有出色的社交能力和表達能力，善於與他人交流，能夠輕鬆與他人建立互信關係，在社交場合中容易脫穎而出。

　　生日數 3 的人具有豐富的創意力，善於將腦中的想像

變成行動或計畫。天生卓越的藝術能力，讓你們在藝術、音樂、寫作等領域中有出色的表現。你們會善用創造力和藝術才華找到獨特的方式表達自己。

生日數 3 的人擁有樂觀和積極的態度，總能將危機看成轉機。對生活充滿希望、願意積極面對挑戰的你們，同時也能激勵著身邊的人勇於克服困難、盡力實現目標。

生日數 3 的人對許多事物都充滿好奇心，因而培養了許多才藝和興趣，也擁有豐富的閱歷和多元的能力，讓你們在不同領域都容易展現卓越的才能與成就。你們還具有強大適應力，能在各種環境和人際關係中靈活應對、適應良好。

整體來說，生日數 3 的人以活潑、善於表達內心想法、創意十足、多才多藝等特質讓人記憶深刻。這些特質將為你們的個人發展和人際關係注入獨特的魅力和成功因素。

③ 日出生的人

3 日出生的人擁有優秀的文字和語言表達能力，善於表達個人觀點、交流意見、建立情感，使你們成為出色的溝通者。你們對於新鮮的事物具有高度的興趣，而這正是你們天馬行空想像力的泉源，使你們成為創造力極高的思考者。你們擅長從不同的角度思考問題，總是能夠提出不同面相且有趣的觀點，讓你們在解決問題、創新思維和藝術創作方面具有優勢。

但你們強大的好奇心和多元興趣易使專注力被打斷，無法長久，以致在項目執行上續航力較弱，容易半途而廢，能否堅守到底將成為你們後續的人生挑戰。建議你們要學習將注意力集中在設定的目標上，藉由明確的目標再搭配上制定計畫，培養自律和堅持的能力，便能改善你們情緒起伏、衝動冒險和不夠謹慎的內在性格。

整體來說，3 日出生的人具備打動人心的溝通能力，對於新鮮的事物與資訊充滿了好奇心，並具有學習的欲望，但喜歡多元探索的性格讓你們容易虎頭蛇尾。請讓自己更有意識的經由學習來加強自身的注意力，藉由明確的

目標及謹慎的計畫幫助自己克服挑戰，同時善用語言天賦和創造力追求目標。

(12) 日出生的人

12 日出生的人對文化和藝術類議題很感興趣，願意花時間與人交流和請益。你們享受藉由社交活動或聚會獲取最新的市場資訊，幫助自己做出正確且適切的決定。

你們的內心思維與外在行為有著天差地遠的表現，表面上對於每件事物都展現出積極、幽默且風趣的樣貌，但內心卻常常覺得自己的自信與能力是不足的。特別是當你們看到比自己優秀的人時，往往會不自覺地產生嫉妒和羨慕的情緒，甚至心生不滿想著：「為什麼不是我？」年輕一點時甚至會任性的直接表現出來。這讓你們容易被貼上表裡不一的標籤。

建議你們多利用自己的想像力、創造力，以及對文化、藝術的熱情和包容力，傳達自己的觀點與感受，將有助他人理解你們。同時，請保持願意聆聽他人意見和看法

的態度，透過與眾人交流，累積更豐富的知識，開拓更廣的視野，進而降低與他人評比時的嫉妒心或報復心。

12日出生的人儘管表現出積極、幽默和風趣的態度，但你們的內心卻存在自信心不足的問題，因此容易陷入嫉妒和羨慕的情緒之中，這些情緒可能會引發你們的自卑感。你們一定要花時間克服這個問題，藉由學習和練習來說服自己相信自己的價值和才能，同時也要明白每個人都有自己的長處和不足，不必與他人進行比較，而是應該專注於自我成長和進步。

整體來說，12日出生的人喜歡與人交流，熱愛學習新資訊，會藉由手中的資訊或資源來穩固自己的形象和地位。總給人積極、幽默且風趣的印象，但其實只是想要掩蓋內心的不自信。十分聰明心細的你們，其實具有許多讓人羨慕的能力，請停止與他人比較，專注在自我成長與展現，當你們能夠克服心魔時，你們身上獨特的才華和熱情也將成為你們在職場中成功的關鍵因素。

㉑ 日出生的人

21 日出生的人，由於數字 2 在前，讓你們擁有強烈的直覺和鮮明的美感。這份來自上天的禮物讓你們饒富創意，總是能為眼前的問題或項目找到創新、適切的解決方案。對於工作和個人目標，你們一直有著清晰的定位和追求，不輕易改變，也不輕易放棄。然而，你們的自我要求太高，常常讓自己備感壓力、情緒緊繃，長久下來，對人際關係和親密關係都可能形成挑戰。因為你們會將對自我的高標準套用在別人身上，使你們在人際關係中顯得過於嚴格或挑剔，進而影響到人際互動和親密關係。

請學習適當放鬆和具有同理心，給予他人一定程度的寬容和接納。當你們學會如何平衡工作與個人生活，並且掌握放鬆壓力的能力時，才能擁有健康且穩定的情緒狀態。請為自己尋找一些放鬆和紓壓的方式，如運動、冥想或從事興趣愛好，都有助於平穩情緒，增強人際交往的能力。

整體來說，21 日出生的人具有超強的直覺力和決斷力，

同時具有豐富創意和解決問題的能力，通過學習放鬆，以及找到工作與生活的目標與價值，你們便能夠將更多的注意力放在培養和累積自身能力上。請記得建立健康、和諧的生活狀態，將有助於充分發揮你們的才華與潛力。

30 日出生的人

30 日出生的人是天生的社交達人，不僅不怯場，還能迅速找到與人建立聯繫的方式和話題。你們在交流的過程中，總能善用豐富的肢體動作和表情，生動且準確地傳達自己的情感與想法，從不羞於展現童心與勇氣，給人天真活潑的印象。在社交場合上，只要你們願意，就能輕鬆與不同的人交流，展現你們的獨特魅力。

雖然你們善於表達情感和意念，但面臨自身的情感困難時卻可能會選擇逃避或迂迴不表態，不想正面應對。那是因為你們的內心住著一個小孩，在面對衝突和壓力時更傾向避開，而不願直接面對困難。迴避也許能暫時緩解壓力，但並不利於解決問題和建立健康的人際關係。

建議你們要學會勇於面對情感上的困境和衝突，與其逃避，不如培養面對的勇氣和解決問題的能力。也不妨適時向外求援，尋找合適的方式來處理情感問題，將有助於建立更健康和積極的人際互動。

整體來說，30 日出生的人是天生的社交好手，善於與他人建立連結，並能精準表達自己。豐富的肢體動作和表情，以及活潑的童心，讓你們成為團體中的開心果，但面對情感困難時，可能因為不擅長或不想選擇而萌生逃避念頭，但別忘了，你們具有強大學習力和模仿力，能通過學習和練習發展出強大的情感處理能力，以及健康、積極的人際關係，並充分展現自己的影響力。

生日數

3

的
速配職業類型

- 適合能展現個人原創設計、創意發想、好奇心、觀察力及傳遞理念的工作，例如作家、藝術表演、音樂等相關領域。
- 以發想能力見長，喜歡分享個人想法和觀念，適合網路、時尚、舞蹈或其他突破舊有制度的工作。

生日數

4

■ 出生日為4、13、22、31的人。

■ 腳踏實地且善於掌握細節,將為你們帶來財富的累積與職場機會。

生日數4的人注重細節、追求真理、擅長處理問題,總能做出正確的決策,不論在生活中或工作領域都是可靠而穩重的存在。你們不會被情感或情緒所左右,而是以理性和實際為基礎來做出判斷,並確保其行動具有實質的效果。

生日數4的人勤奮且具有責任感,擁有高度的職業道德和工作動力,為了追求目標而努力不懈,並盡力履行自己的責任。當目標確定時,你們願意付出額外的努力,再配上堅定的工作態度,藉此獲得成就感與自我肯定。

生日數 4 的人具有固執和耐心的特質，能夠持之以恆的朝設定的目標前進，不到最後一刻絕不輕易放棄。善於用耐心和冷靜克服困難的態度，讓你們在群體中更顯獨特。你們從很小的時候就明白成功是需要時間和努力的，唯有願意克服挑戰和堅持到底才能實現目標。

生日數 4 的人具有細膩和謹慎的特點，重視計畫和組織能力，並且著重細節，對工作和任務要求高精準度，能夠嚴謹地處理事務，確保事情按照計畫順利進行，以達最好的結果。

生日數 4 的人以忠誠和穩定的核心價值來對待家庭、朋友和團隊，因而能建立穩定可靠的人際關係。在人際相處上，以信任和可靠為基礎，並且願意維持長久的關係。

生日數 4 的人是實用主義者，重視務實和效益，不追求虛幻的理想，只追求實際的成果和解決方案。你們善於將理論轉化為實際行動，著重於實現可行的目標和可量化的成果。

整體來說，生日數 4 的人以務實、勤奮、具責任感及

實用主義特質著名，這些讓人安心的特質使你們成為受人景仰的人物，你們的價值觀和道德感也為你們的成功奠定了堅實的基礎。

④ 日出生的人

4日出生的人具備出眾的責任心和自律性，你們身邊的親朋好友、職場同事及上司們都非常信任和依賴你。你們對工作充滿熱情且願意完全投入其中，有時甚至顯露出一點點工作狂的感覺。

堅定的責任感使你們成為一個可靠的人，始終保持著高度的專注，也勇於承擔自己的角色和義務。有點完美主義傾向的你們，對於任務的完成有著毫不妥協的態度，也會盡力追求卓越。但過於目標導向會讓你們顯得相對保守和一成不變，容易給人無趣又守舊的形象。不論在職場中或生活上，正確的道德觀、堅定的毅力和穩定的性格雖然都是很重要的特質，但建議可以嘗試在部分面向上採取開放的態度，多接受新事物和新觀點，將能為

你們帶來更多的機會和豐富的體驗。

除了專注於工作之外，也應該注意平衡生活的其他方面。給自己一些休息和放鬆的時間，培養一些興趣愛好，並與親朋好友保持親密的聯繫，將有益於保持身心平衡，同時也能展現出更多元化和有趣的一面。

整體來說，4 日出生的人擁有讓人羨慕的責任心和自律性，這讓你們贏得許多人的信任和倚賴。你們總是全情投入任務，工作表現出色，但別忘了要注意保持開放的心態和維持平衡的生活。藉由多接觸新觀念並培養多元化的興趣，展現出性格中有趣和充滿魅力的一面。

⑬日出生的人

13 日出生的人擁有出色的組織管理能力，是職場上的優秀領導人才。善於聆聽他人的意見，並能有效溝通，因而得以建立良好的團隊關係，並激勵他人一起完成共同的使命。自律且不輕易放棄的性格特質，讓你們不需要任何人耳提面命，便能明白努力工作和堅持不懈的重

要性，總能以認眞負責的態度承擔任務，一旦確認目標，便會以積極的態度面對挑戰和困難。

13 日出生的人非常重視工作和生活間的平衡，希望在忙碌之餘還是能確保身心靈時刻保持平衡，才能讓自己持續發揮最佳表現，並享受生活的美好。爲了實現工作和生活的平衡，建議你們可以學習如何有效的管理時間，找到分辨優先順序的邏輯，並學會調節工作壓力的方法。此外，培養喜歡的休閒活動與分享心情的方式，也都可以幫助你們放鬆身心靈，充飽電後再出發。

整體來說，13 日出生的人擁有十分亮眼的組織管理能力和溝通技巧，讓你們容易成爲優秀的職場領導者或出色的成員。你們注重工作與生活間的平衡，願意爲此而努力，而此一特質則會增加你們的職場魅力及他人對你們的好感度。你們總能抓到最適當的要求區間，讓對方發揮到最佳狀態，也讓自己能舒適自在。只要能有效做好時間與身心健康的管理，即使是在忙碌的職場中，你們還是能找到自己要的幸福感和成就感，成爲眞正掌握自己的主人。

22 日出生的人

22 日出生的人具有高度的悟性，不僅追求物質上的滿足，也十分重視身心靈的發展。在你們的觀念中，人生的意義為致力尋求個人內在的平衡與成長。明白物質財富並非唯一的你們，會藉助精神層面的充實來實現真正的幸福。

對你們而言，家庭非常重要，家族成員間的和諧具有重大意義，會把家人福祉視為自己不斷進步的動力，提供穩定的生活環境是對家人最直接且最有意義的回饋和付出。努力創造溫馨和諧的家庭氛圍，並通過關心和支持家人來展現你們的愛，是你們重要的人生任務之一。

22 日出生的人擁有敏銳的直覺力，對事情有自己獨到的洞察力和見解。面對問題時，你們往往能夠快速找到癥結，並擬定解決的方法。特別是工作幾年後，你們會更相信自己的內在感覺，並遵循自己的直覺行動。事實證明，很多時候事情似乎就自然而然的水到渠成。這種直覺力使你們能夠在各種情境下做出明智的決策和迅速的反應。

整體來說，22 日出生的人悟性高且重視身心靈發展，並將家庭放在重要位置。你們相信內在的平衡與成長，比追求物質更加重要。你們能快速解決問題並達成目標，這使得你們成為一個獨特且有價值的人，並為生活和家庭帶來滿滿的幸福感。

31 日出生的人

　　31 日出生的人面對挑戰時，擁有勇往直前和善於開創的天賦與決心。你們會選擇直接面對挑戰，並將此壓力轉換成機會或舞台，成為積極追求目標的動力和養分。你們性格中勇於突破現狀的決心與毅力，讓你們的才能與特長成為能夠引人注目的特點，同時也能吸引到願意投資你們的金主或前輩，在他們的協助下得以開創你們自己的事業。

　　31 日出生的人是思考成熟且善於評估情勢的人，為了能夠做出明智的決策，不僅關注當下，更注重長遠的規畫和目標。這種成熟且有謀略的思考方式，使你們能夠

在面對挑戰和困難時保持冷靜與理智。

　你們雖然非常專注於追求功成名就，但也十分懂得享受生活，會讓生活隨時充滿樂趣。你們在社交生活上十分活躍，喜歡嘗試新事物，熱中參與各種活動，並與不同的人物交流互動，積極的態度和開朗的性格使你們在社交場合中非常受歡迎。

　整體來說，31日出生的人擁有開創新事物的才能與勇氣，總是能適時展現個人的獨特之處，讓自己成爲他人的關注焦點。活躍和積極的態度使你們成爲眾人羨慕的對象，並在各個領域都能好好展現，獲得出色的成就。

生日數 **4** 的
速配職業類型

● 適合能展現邏輯性與結構性的工作，例如財務分析、顧問、分析師等。
● 以規畫及建立細緻化 SOP 能力見長，適合當心靈類老師、技術類（化工等）工作者、藝術品修復師，以及其他需要統籌、分配資源、執行與管理類型的工作。

生日數
5

■ 出生日為 5、14、23的人。

■ 兼具勇敢與冷靜兩種特質,善於將危機轉換成優勢,為自己加分。

　生日數 5 的人具有見招拆招且善於重整資訊的專長,靈活性十足,具有冒險精神,不懼怕面對多樣化體驗或挑戰。你們勇於嘗試新事物,對世界充滿好奇心,並渴望藉由不同的體驗和經歷讓自己成為對未知領域充滿探索熱情的人。

　生日數 5 的人重視自由和獨立,十分在意個人的自主權和獨立思考的權力,希望在自己的專業領域中不要受到過度的束縛與限制。你們追求自由,希望能與世界保持一定的界線,努力保有掌控力和話語權,以確保追求

個人的理想和目標時都能按著自己的節奏前進。

生日數 5 的人對於多樣化和變化是十分享受的。你們的彈性高又追求完美，生活總是充滿刺激和多樣挑戰，但你們也善於適應環境變化，總能藉由高靈活性的特質讓自己關關難過關關過。老實說，你們對於單一的職場生活或職務容易感到無趣，覺得自己的專業停滯不前，並且漸生危機感。本質上，你們在職場中的任務只會一個比一個更有挑戰，這恰好也滿足了你們需要和享受藉由不斷嘗試新事物與探索不同領域來滿足自己對多樣性的渴望。

生日數 5 的人也具有出色的溝通和表達能力，擅長用對自己有利的方式或工具來表達觀點和想法。清晰的頭腦再搭配良好的說服邏輯，使得你們能夠清晰地傳達自己的意見，並以獨特魅力來說服他人。

擁有自由思考和創新能力的你們，需要且享受能夠獨立思考問題的空間，並會於分析後勇於提出新的想法和解決方案，而且喜歡尋求非傳統的解方。由於你們不喜歡受到傳統觀念限制，勇於挑戰現狀，讓你們容易在團

體中創造出新的價值和驚人的成果。

生日數 5 的人具有良好的社交能力，只要願意就能自在遊走於各種社交場合中，與不同類型的人建立良好的關係。你們開放且友善的態度，讓你們得以融入各種環境，並與其建立有意義的連結。

整體來說，生日數 5 的人以具有創新思維、善於溝通及高適應力等特質著稱。你們在追求個人自由與體驗生活的過程中，除了讓大家能明顯感受到你們的熱情和勇氣外，也讓你們成為推動他人不斷成長和追求新可能的關鍵因素。

（5）日出生的人

5 日出生的人具有獨立思考的能力，不懼怕分享自己的想法和主張，並且會隨著年紀和工作經驗更加看重尋找自我價值和存在意義的課題。這些特質讓你們經常處於變化的狀態或情緒之中，因著你們擁有良好的適應能力，總能夠迅速調整自己來應對不同的情況。

喜歡接受挑戰的你們，對於身邊或職場中出現的新事物與任務，會以正向且開放的態度來面對。某個程度來說，這些挑戰能讓你們不斷保持活力與動力，而你們願意接受冒險、愛嘗試新領域的特質，則讓你們容易吸引到主管或前輩的注意力，如果遇到較有難度卻具有特殊開發意義的專案，就很有可能交給你們處理。

你們的內在個性其實十分隨心所欲，不喜歡受到束縛和限制，也不太願意遵守不符合實際情況的紀律和規範，喜歡按照自己的心情、感受及邏輯來做決策和行動。在年輕時，你們血液裡自由奔放的特質促使你們會主動尋方設法，找出突破規矩的方法和解方，但隨著年紀增長及工作經驗累積，讓你們從亟欲逃脫限制者變成願意花時間理解、與對方一起攜手制定規矩的那個人。

整體來說，5 日出生的人從小就有獨立思考的能力，在尋找生命價值和存在意義的過程中，經歷了不少心境上的改變。過程中，你們藉由自身的高適應力及不抗拒接受新挑戰的性格，越來越清楚自己的目標和人生方向，厭倦墨守成規，想要不斷突破自我，只在特定項目上堅

守原則，其他部分就較爲隨興，希望在不受干擾的情況下享受自己想要的生活。

⑭日出生的人

14 日出生的人具有出色的分析和推理能力，擁有清晰的頭腦，能夠獨立完成任務，並且享受拆解問題及制訂計畫的過程。你們習慣以冷靜且淡定的態度處理事情，對於自己的獨立性及處理事情的完整度多半感到十分驕傲，但有時會因爲獨處或單兵作業太久而萌生希望能與他人交流互動的念頭。不過，你們還是非常需要保有能夠掌握社交距離的選擇權和決定權。換句話說，也就是希望能自由掌握與他人分享想法和經驗的時間與頻率。對你們來說，這樣除了能享受與群體互動的樂趣，同時又保有自己的空間。

邏輯能力強大的你們通常不太有耐心，特別是遇到邏輯不通或溝通方式過於跳躍之人時，你們不會像其他人選擇閉口不談，只在心中默默評論，而是會忍不住提出

批評和點出實際的問題，並且給予建議。即使你們的出發點是爲了對方好，但因爲你們不加包裝的說話方式，一不小心就容易傷害到他人的情感與面子。與其說你們耐心不高，還不如說是因爲你們十分重視溝通效率，認爲清晰的邏輯和思考乃是溝通之必要，所以在會議中只會以即時、有效的方式提出建言。但在平常與人交流時，建議你們要注意言辭，並且花點時間理解他人，避免過於直接的言語而傷害他人。

整體來說，14日出生者擁有卓越的分析和推理能力，喜歡單兵作戰的快速感，也享受獨立完成任務的成就感。但你們的內心仍渴望與他人有親密的關係，所以在溝通時，請時刻提醒自己保持耐心和同理心，避免過度批評或傷害他人的情感。建議你們以開放和尊重的態度進行交流，將有助於建立良好的人際關係，而這些人脈未來都可能成爲你的助力和資源。

㉓ 日出生的人

　　23 日出生的人擁有卓越的藝術天賦，擅長音樂欣賞與創作。相較於其他出生日期的人，你們較容易經由天馬行空的幻想過程啓發出許多高品質、高獨特性的想像力和創造力。更特別的是，你們很常在夢境中找到靈感，並且能善加運用，延伸出許多創意和想法，實踐在生活或產品當中。

　　你們對生活充滿熱情，樂在每一天。有著自我標準的你們，在食衣住行育樂上都展現出與眾不同的堅持和喜好，喜歡將自己的生活變得有趣又豐富，也勇於活出自己獨特的風格和特色喜好。你們常憑藉著卓越的藝術天賦和豐富的想像力，將音樂或人們容易理解的流行產品與其他藝術、生活型態或職場特質相結合，創造出獨特而引人入勝的作品。事實上，許多 23 日出生的人在音樂和藝術方面才華出眾，擁有成爲出色藝術家的潛力，也能用獨特的角度來欣賞、評鑑藝術相關的產品和流行，特別是能將感受、情緒需求轉換成可使用和購買的服務商品，展現與眾不同的特質與魅力。

整體來說，23 日出生的人充滿藝術天賦，不論是在音樂或其他藝術形式上都有傑出的表現。你們喜歡追尋夢想，並且經常在發想過程中找到靈感，憑著你們的才華和創意，將能成為傑出的生活藝術家或職場藝術家，也能將藝術的不局限、高包容性特質帶入職場之中，讓大家能跟著你們獨特的角度來欣賞這個世界。

生日數

5

的
速配職業類型

- 適合能展現個人靈活頭腦及不害怕挑戰的工作，例如業務銷售、科學家、媒體等。
- 以溝通能力和歸納分析能力見長，適合演說家、播報員或其他以語文和口說能力為主的資訊傳遞工作。

生日數

6

■出生日為 6、15、24的人。

■具有貼心且溫暖的特質,是群體中的核心人物與資源交流中心。

　　生日數 6 的人是關愛和慈愛的最佳代表,在家庭、社交圈和朋友圈中均扮演重要角色。你們既貼心又能體諒他人,對家庭有強烈的責任感,喜歡照顧人,也願意為他人無私奉獻,在能力範圍內會願意付出時間和精力關心他人的需要與困難。你們說到做到,是履行承諾及堅守信念上的最佳代表。對身邊的人來說,你們是可靠的家人、夥伴和員工,總能在關鍵時刻提供支持與幫助。生日數 6 的人也十分追求和諧與平衡,重視家庭和睦與社交人際關係的和諧度,會主動努力的與身邊之人保持

友好且對等的關係，希望能在和睦的情況下解決衝突，使每個人都能夠和平共處，並獲取想要的資源或協助。

生日數 6 的人天生善解人意，願意花時間理解他人的情感和需要，具有良好的同理心與洞察力，願意站在他人的角度思考，並給予適當的關懷和支持。另外，你們也十分重視忠誠度，在親密關係和相互支持上有著自己堅定的信念和規範，只要是在這個前提下，你們願意為之奉獻和付出。忠誠和正直的態度讓你們成為大家眼中值得信賴的對象。

整體來說，生日數 6 的人以慈愛、責任與可靠等特質著名，是家庭和朋友圈中重要的支柱和黏著劑。你們主動奉獻出關愛，為周圍的人帶來溫暖和幸福，同時也為群體帶來正向積極的改變。

⑥ 日出生的人

6 日出生的人喜歡與朋友共度歡樂時光，在與欣賞之人相處時會不自覺地表達出喜愛和支持。你們會願意主動

建立親密關係，樂意為他人提供幫助和服務，特別是當你們看到他人因此而變得更好時，會帶給你們滿滿的成就感和幸福感。

在1至31的出生日期中，6日出生的人會因為與家庭成員的關係和諧度而直接影響到事業和運氣。因此你們會致力打造和諧幸福的家庭，並且會為全家人的福祉與和睦努力，特別是結婚後更是會以家庭為生活重心。

在關係當中，願意主動關懷他人、喜歡與他人建立親密關係的性格，使得你們成為受人愛戴之人，同時也會隨著時間慢慢變成團體中的核心人物與具有發言權的代表。你們的行為和態度除了為他人帶來好的轉變外，也讓你們的內心充滿著安全感和滿足感。

整體來說，6日出生的人喜歡與朋友相處，並樂於表達自己的情感，願意為家人和朋友服務與付出。你們的關懷除了能夠為他人帶來快樂和幸福外，也會給予你們滿滿的成就感。祝福為此努力打拚的你們，能擁有溫暖和諧的家庭，並帶著這樣的祝福與力量逐一實現夢想。

15 日出生的人

15 日出生的人擁有愛冒險的特質，樂愛美食，對色彩的敏感度也很高，對於發掘世界的美麗有著極高的感知能力。不少 15 日出生的人具有自我治癒的能力，有時你們能透過與他人的交流過程替自己進行一場心靈淨化儀式。

你們的性格帶有一點固執，對於自己所相信的事物會全心投入，並且追求完美、不輕易放棄。為追尋目標努力不懈的你們，有時會因為你們散發出來的熱情和奮鬥精神給人一種壓迫感，那是由於你們對於事情的要求非常高，不論是對自己或他人都有相當高的期待。

在朋友的心目中，具有冒險精神的你們是制定旅遊計畫時的最佳顧問。你們不會因他人或網路的評價高低而決定是否前去嘗試餐廳、遊玩或接觸其他新事物，因為你們認為除非親身經歷，否則無法給出公允的評價和感受。略帶冒險的特質及順著生命節奏行進的理念，將帶給你們多彩多姿的生活經驗和機會。

整體來說，15 日出生的人勇於冒險、享受美食，並且

對色彩有著極高的敏感度。另外，擁有高強治癒能力的你們，也十分樂意透過與他人交流來讓彼此的心靈都有所抒發和改善。你們對所相信的事物全心投入，富有讓人欽佩的冒險精神，除了替你們的生活增添了不少樂趣外，你們也能從中找到內心真正的平靜和安寧。總之，你們是中庸之道最佳的實踐者與運用者。

24 日出生的人

24 日出生的人非常注重個人感受，擁有溫柔的性格，對於美的事物有著敏銳的感知力和欣賞力，同時也非常熱愛美食、美景。相對於其他出生日的人，24 日出生的人中有相當高的比例擁有藝術和人文方面的天賦，表現十分突出且專業。

在生活方面，你們對細節非常謹慎，善於管理和規畫自己的事務，喜歡將生活安排得井然有序又充滿美感和特色。在處事方面，你們機智且洞察力強、講求務實與效能、擅於精打細算，會在正確的時機出手展現自己出

色的能力。另外，你們也會以超高的行動力來凸顯自己與他人間的差異性，總能恰到好處地將危機化爲轉機。這些特質讓你們能在面對挑戰時迅速找到解決方案，而這種能力恰恰能讓你們在事業和個人生活中取得成功。

　整體來說，24日出生的人重視禮儀和尊重感、具有敏銳的感知力、注重實用性，能十分完美地將藝術和人文天賦結合在一起，這些成爲了你們的特色標誌。你們具有優秀的觀察力和分析力，能將燙手山芋轉化成最好的養分與能量，對生活和工作程序都能細緻而精準的掌控，因而能成爲大家眼中的領導者和意見領袖。

生日數
6
的
速配職業類型

- 適合能發揮個人細膩、敏感、觀察力特質的工作，例如諮商、輔導、社工等。
- 你們能夠同理他人，又有強大的責任感和正義感，適合醫療、育兒或其他能以自身特質激發他人積極向上的引導工作。

生日數

7

■出生日為 7、16、25的人。

■善於分析且願意深度思考，是
傳遞真理的關鍵人物。

　　生日數 7 的人具有深思熟慮的特質，集智慧和聰明於
一身。在探尋事物和追根究柢的過程中，除了追尋答案
之外，還能得知事件發生的緣由及相關人物的生活細節，
讓你們能以更深度且自在的方式探究生命的本質、夢想
與期待。

　　生日數 7 的人擁有出色的觀察力和分析能力，喜歡深
入探索問題，並且能以客觀的眼光來觀察事物、發現細
節。你們喜歡挑戰複雜的問題，並以精密的分析能力來
尋找答案，呈現獨一無二的自己和見解。

生日數 7 的人對知識和智慧有著高度的追求，喜歡獨立思考，追求眞理，熱愛學習和收集資訊，願意透過不斷地探索智識來豐富自己和周圍的人。你們善於內省和沉思，隨著年紀增長，會更享受獨處的時光，而經由一次又一次的思考與探索，你們會變得更人性化和系統化。

兼具理性與感性的你們，在職場中能展現出專業的表現，同時也深諳團體相處的分際，常獲主管或前輩的引導和啓示。而你們會藉此反思，獲得成長的力量和洞察力，漸漸養成不易受他人影響的思維，勇敢追隨自己的想法和計畫。

你們對靈性和直覺有著高敏感度，對於探索內在靈性層面十分有興趣，相信直覺的力量，對宇宙的奧祕和一些非物質世界的存在也願意抱著相信的心態來面對。

有人覺得生日數 7 的人性格複雜且難以捉摸，這是因爲你們會同時展現出冷靜和深情的一面，但這也是你們能夠在做決策和處理問題時保持清醒的關鍵，讓你們得以用理性思考做出明智且正確的抉擇。

整體來說，生日數 7 的人以其分析能力、感性和冷靜

等特質著名，具有豐富的智慧及強大的內在力量。你們善於思考，對事物有獨到的見解，這些關鍵特質讓你們能夠保持豐富的情感，以及對人性的理解，讓你們成為有溫度但堅守原則的最佳代表。

⑦ 日出生的人

7 日出生的人具有強大的直覺力和善於分析的特質，經常以懷疑的態度和好奇心來評估事情。你們習慣在遇到問題或危機時先找尋事件的緣由，以及過去可供參考的資料，希望在解決問題的同時也預防再次發生錯誤，盼能透過解決根本問題來實現永久性的目標。

在人際關係中，你們需要獨處的時光，也樂在其中。習慣反思的你們，隨著工作和實戰經驗的累積，漸漸開始能夠洞察先機、制訂降低風險的策略。身為享受思考和觀察的人，探索事物的真相和本質更像是直覺能力訓練的過程。你們對於自身敏銳的特質是感到驕傲的，特別是如果能夠捕捉到事件微妙的變化或他人情緒的轉變

時，將帶給你們滿滿的成就感。久而久之，便能培養出更優秀的解決問題和決策能力。

善於多角度思考及理性行事儼然成為你們的標籤，但有時掌握不佳時，性格中過度追求完美和不找到真相絕不放棄的態度會讓你們陷入困境，導致你們容易花費過多的時間和精力在解決問題上，而忽略享受當下的機會。建議你們要注意平衡思考和行動之間的關係，並學會放鬆、享受生活中的美好時刻。

整體來說，7日出生的人擁有強大的觀察力和反應能力。你們不會無理由地推論任何事件，願意花費時間和精力尋找真相。你們喜歡獨處，享受思考的時光，藉由這個過程讓自己更清楚如何在追求真相與享受生活間達到平衡，學會放輕鬆，接受當下的美好。

16 日出生的人

16日出生的人將家人視為生活重心，會以主動付出、犧牲的方式來表達愛意和重視。你們擁有卓越的洞察力，

非常注重人與人之間的誠信。當遇到虛偽不實的人時，你們除了會感到厭惡外，甚至會直接批評對方。

對你們來說，表達關心是天生的能力，但在控制情緒和感受表達上將成為你們需要努力克服和學習的課題。對於在意之人或覺得有潛力的對象，你們會因為太希望對方成功和不要走錯路，而急著想給對方答案或幫對方做決定。一旦對方不理解且不願照著建議執行時，你們的情緒感受也會以非常直接的方式讓對方清楚感受到。如何讓你們的好心不要變成他人眼中的壓力和不信任感，變得非常重要。因為情緒管理的能力將直接影響你們能否擁有一段穩定的關係，雖然身邊不乏桃花，但真正能開花結果的對象卻不多。即使你們是家庭責任感極重的人，但也要先找到對象才有展現的機會。建議你們在認識初期不要急著分享或強調個人的家庭觀念，因為你們對家庭觀念和如何配合、分工的想法很執著，會以自己的標準來看待對方，有時甚至會過於挑剔。建議等雙方都熟悉之後，有了共同的目標，再來表達自己願意為家庭奉獻的心意，這時候才能為你們加分。請對自己多一

點信心，相信你們樂於爲家庭付出的態度一定能讓你們遇到對愛情十分堅定且忠誠的伴侶。

整體來說，16 日出生的人會將家人和友人視爲生活重心，願意爲他們付出一切。但建議你們在施與受之間一定要找到平衡點，將有助於個人的情緒控管，並能對他人多一點包容，如此才能在一段關係中獲得更大的幸福感和穩定感。

25 日出生的人

25 日出生的人對身邊的人事物都充滿好奇心，想要進一步探索。你們的大腦時常浮現未來的畫面或意象，但由於性格保守，所以你們更傾向將自己夢見或感知到的未來保留在心中，而不是大膽分享出來。你們是相對低調和隱藏情緒的人，不會主動與他人分享個人隱私，但這也是你們保護自己的一種方式。

在感情相處中，有時你們會因爲過度在意細節，而對身邊之人產生不信任和質疑的負面情緒，使親密關係容

易出現裂痕和障礙。你們需要學習如何放鬆，對他人多點信任，避免過度主觀，並以更寬容的態度看待感情中的細節或差異，會讓你們透過對方而看到不同面向的世界。

你們的探索欲望極高，對世界充滿熱情與好奇。接觸新事物和新知識除了能讓你們感到愉悅和滿足，還能讓你們擁有更全面的資訊來堅守自己的理念和隱私，不需要向他人驗證或說明自己的想法，進而保留更多空間來探索更多的想法和感受。

整體來說，25日出生的人具有強大的學習力和覺察力，可藉由資訊累積的過程讓在意細節的特質變成一種能力和加分點，避免因為質疑和不信任的態度被別人貼上負面標籤。如此一來，你們不僅能維護親密關係，同時也讓自己保有探究新事物的合理性，持續享受探索和成長的旅程。

生日數

7

的

速配職業類型

●適合需要大量研究分析與闡述比對結果的工作,例如工程師、律師、科學家等。

●由於熱愛探究真理、找尋真相,適合作家、研究類或其他較獨門、專業度較高的考察類型工作。

■出生日為 8、17、26的人。

■堅定且願意不斷嘗試,能將危機轉換成發光發熱的機會和舞台。

　　生日數 8 的人具有清晰的頭腦、堅毅的性格及不輕易放棄的特質,有非常高的機會在職場中成爲優秀的領導者和企業家。生日數 8 的人擁有卓越的領導能力和決策能力,具有強大的決斷力及願意承擔責任的態度,在職場或團體中能有效地組織管理事務,幫助大家聚焦任務,並將個人能力發揮到極致。這樣的領導力讓你們在年輕時就有機會擔任小主管或領導者。

　　你們在面臨挑戰和壓力時能保持冷靜,並能快速給出明確的目標和策略,是大家眼中的明日之星。爲了追求

成功和高成就，擁有野心的你們會幫自己設定較高的目標和願景，並朝著目標努力奮鬥。你們具備了積極的工作態度和不輕易放棄的精神，能以較快的速度實現個人和團隊的成功。

生日數 8 的人對自己充滿信心，也十分相信自己的能力，勇於主動擔起高風險的任務。你們相信險棋有時才是致勝的關鍵，深知自己的能力與人脈實力，能讓別人眼中的挑戰變成凸顯自己實力的好機會。

生日數 8 的人非常實用主義和結果導向，只關注實際的問題，不會花時間和精神在沒有成效的人事物上，一旦接受任務就會將注意力放在找到解方，並規畫出最有效的執行計畫。你們擁有良好的組織能力和執行力，能夠將想法和策略轉化為確實可行的行動。你們還擁有堅強的毅力，能夠持之以恆追求目標，克服各種困難。你們相信努力不懈的力量及強大的信念能夠帶來改變。

你們具有優異的商業頭腦和財務意識，且樂意花時間繼續精進相關知識，因而益加熟稔複雜的商業運作模式，進而能更有效管理資源和財務，實現經濟上的成功。

整體來說，生日數 8 的人以領導力、野心、實用主義等特質著名，把握每一個機會和舞台，毫不保留地展現個人出色的能力和適應力，讓你們離成功和卓越非常近。

⑧ 日出生的人

8 日出生的人積極進取、應變能力強，敢於追求成功、迎接各種挑戰。在乎個人成就的你們，希望能夠在社會或職場中脫穎而出，進而成為重要的人物。部分 8 日出生的人在小時候就展現出驚人的商業頭腦，並且有計畫的逐步朝相關領域邁進。

平心而論，你們很適合創業當老闆，但從另一個角度來看，你們不擅長與人合作。因為你們過於目標導向及利益至上，有時會行事衝動、不夠謹慎，對金錢具有較強的欲望，自信心過強，會讓大家對跟你們的合作產生懼怕感。

在團體中，你們常負責資源整合或提供意見、方向，但有時會忽略在執行過程中可能出現的不可控因素，若

過於追求快速成功，反而會演變成致命傷。

　　因此，你們一定要好好練習耐心這門功課，學會以長遠的眼光來評估、規畫，也不要忽略團隊合作的重要性。當你們能夠欣賞他人的專長和貢獻，並願意聆聽他人的建議時，你們在職場中的表現也會呈現跳躍式的成長，並且能更快實現目標。

　　整體來說，8 日出生的人追求個人的成就，並渴望擔任社會或職場中的重要角色。你們具備經商的天賦，也將藉由創業的過程展現出領導才能，只要審慎評估執行風險，並且不追求速成，就能實現設定的目標。

17 日出生的人

　　17 日出生的人不喜歡別人過度干涉你們的決定和執行方式，擁有出色的組織分析能力，擅長處理複雜度較高的專案。

　　你們的洞察力高、悟性敏銳，善於創新改進，行事積極正向且不輕易放棄，對生活充滿激情和活力，勇於追

求夢想，是一個信守承諾和說到做到之人。

除了專業領域外，你們也對精神狀態的提升或發展非常感興趣，特別是心靈成長、個人發展及意識探索等方面。由此可見，你們對自我成長是十分渴望且在意的。

你們擁有極佳的組織能力和分析能力，在職場上十分受人尊重，而且你們也願意承擔較大的責任和項目，讓自己能夠持續進步和突破。這些都歸功於你們能夠快速做出決定的能力，以及願意承擔風險的勇氣。此一特質讓你們能夠不因眼前的挑戰和壓力而打退堂鼓，只會更專注於追求目標和成功，但有時會因過度目標導向，而出現過於激烈、情緒起伏大的狀況，甚至為了追求刺激而影響判斷。

整體來說，17 日出生的人天生具備組織管理能力，再加上驚人的洞察力和領悟力，使你們在十分年輕時就受到主管或公司器重。隨著年資或升遷，你們不但完成了一次次的任務，也掌握了研究人們行為特質與需求期待的重要機會，並且發展出更佳的管理策略與準則，讓自己不斷成長，再創高峰。

26 日出生的人

26 日出生的人很在意人際的和諧與平衡，能夠快速分析他人言語背後的眞實感受，也願意爲了滿足對方的需求而做出適當的退讓。有人會說你們「非常會看臉色」，但當你們過於在意他人，或是爲了維持和睦而過度壓抑自己的感受和想法時，會讓自己的犧牲變得一點價值都沒有。如果對方年紀較大或社會地位較高，你們會更小心壓抑內心的聲音，只以對方爲主，但這種行爲可能會讓你們被誤解爲馬屁精，爲了利益不顧一切。建議你們要在這方面找到原則和平衡點，才能讓性格中的敏銳與謙讓成爲加分項目。

在職場中，你們是能夠察覺他人情緒、需求、能力的人，這特質讓你們可以幫自己和公司降低溝通成本，並避免誤解和矛盾帶來的衝突，是主管和公司都很看重和珍惜的人才。建議你們要善用溝通技巧和化解衝突的本領，不因過度關注他人而備感壓力，也不要過度壓抑自己的情感與意見，要學會表達眞實的感受與想法，而這也是讓大家更認識你的機會。不要因爲害怕衝突而選擇

壓抑或放棄自己的想法，因為真正珍惜你們的人絕對不想看到你們失去自我。請對自己的直覺和分析能力多點信心，並開始練習適當表達自己的立場，這樣才能建立真正互信互重的關係。

整體來說，26日出生的人追求人際關係的和諧與甜蜜感，但過於在意他人態度時，可能會失去中心思想與最寶貴的自我肯定。因此，你們需要學會表達真實的情感和意見，並要求對方也要同等尊重你們，這樣才能建立真正均衡和諧的人際關係。

生日數 8 的速配職業類型

- 適合能夠展現執行細節度、觀察力、統整力及統籌規畫的工作,例如財務規畫、刑事鑑定、法務、祕書等。
- 以耐心、細緻度、規畫步驟見長,適合幕僚、主持、行銷或科學分析類的工作。

生日數
9

■出生日為 9、18、27的人。
■推崇利他主義與理想主義，致力打造完美無私的世界。

　　生日數 9 的人擁有換位思考及理解他人的特質，常被貼上富有同情心和理想主義的標籤。你們不吝嗇展現自己的慈悲心，願意主動感受他人的困境和痛苦，並適時伸出援手、表達關心之意，期許他們能擁有翻轉的機會。

　　你們具有寬容的心，能夠接受與自己不同的觀點和行為，不過度批評或加入個人意見，願意以寬闊的心胸看待他人與自己的差異，因此有你們的地方總是歡樂、和諧的。

生日數 9 的人是抱持浪漫情懷的理想主義者，對於追求美好的事物和理想充滿熱情，對人類的潛能與可塑性抱著正向且鼓勵的態度，會以實際的行動來讓更多人接受人性本善的觀點。

生日數 9 的人擁有藝術天賦和創新思維，喜歡以獨特的方式表達自己的想法和情感。如果你們從事藝術相關工作，會時常創造出令人驚豔的作品，並透過藝術表達來影響和啓發他人。

你們還具有博愛精神和社會意識，非常關心社會議題，願意為公益做出貢獻，也會積極參與社會活動，推動社會的進步和發展。但你們的性格中有一些反叛因子，每當遇到不公正、不合理的情況時，就會忍不住的勇敢站出來，不畏批判，主動發起挑戰。

整體來說，生日數 9 的人以富有同情心、寬容性、理想主義等特質著名，特別是在團體中及推進社會進步上扮演著重要的角色，為建立更溫暖、更富有希望的世界而努力。

9 日出生的人非常重視精神層面的交流，對自己和身邊的人都有相當高的標準，對環保、動物保護和人道議題都十分關注。由於你們不喜歡處理衝突，所以很少正面表達自己的想法和感受，而是將所有的喜怒哀樂都深藏於心中。你們會在心中默默的爲他人打分數，並將他們進行歸類與分層。

9 日出生的人在感情中容易被比較幼稚的人吸引，主要是因爲你們對相對弱勢的人非常願意付出，而比較幼稚的對象會不自覺地喚起你們內在的照顧本能，但也增加了你們遇到錯誤對象的機率和風險。因此，在尋找伴侶時，你們需要特別謹慎，不僅要關注對方的需求，也要考慮是否能夠與對方建立穩固而平衡的關係。同時你們也要學會表達自己的想法和感受，與他人建立坦誠交流的習慣，除了能夠促進理解，便於解決問題，也能避免內心的壓抑和累積，讓你們在評價他人時保持客觀，不致過於嚴苛，或者以自己的標準給人打分數或分級歸類。

整體來說，9 日出生的人十分重視精神層面的交流，較

少正面表達自己的想法和感受。建議要開始學習主動且正向的表達自己，並客觀地評價他人，給予適當的回饋，便能建立健康、平衡的人際關係。

⑱ 日出生的人

18 日出生的人具備獨立、優秀領導能力、熱心公益等特質，使你們成為意志堅定又具有包容力的人。在投入職場初期，你們或許會覺得自己所處的環境或經手的項目並不總是順遂，甚至有背黑鍋的情況出現，但隨著時間推移和經驗累積，你們的性格特質和專業能力將逐漸在職場中綻放光芒，成為他人無法忽視的重要角色。

你們不排斥成為被關注的焦點，擅長統整全面資訊和分析結果，藉此讓他人聽從你們的建議與策略，這是你們非常重要的能力之一。你們擁有獨立思考與決策的能力，願意承擔領導責任，並樂於傾注一己之力關注社會議題，展現出對社會的關懷與重視。

你們擁有超強領導能力，但別忘了時刻提醒自己：在

追求領導地位與成為核心人物時，還是要保持對他人的包容力和理解力。當你們能夠以欣賞和尊重的態度來感謝他人的才能與貢獻時，將更能有效發揮領導潛力，並為團隊取得更大的成就。

整體來說，18日出生的人具有鮮明的領導力和獨立性，隨著時間和經驗的累積，你們在職場上的獨特魅力會讓你們成為不可忽視的存在。請保持對於新事物的彈性與包容，並建立良好的溝通管道與合作關係，你們將為個人和團隊帶來更大的成功。

27 日出生的人

27日出生的人對許多事物都充滿強烈的好奇心，想要一探究竟。你們重視自己內心的聲音與感受，也經常審視與聆聽所在環境的資訊、氛圍，這特質正是你們擁有豐富想像力的關鍵原因。

27日出生的人在年輕時容易陷入過度天馬行空的思緒中，較常出現想像和實際行動差距甚大的現象。若要

改善此一缺點，可藉由制定執行計畫或找到引發動機的項目，來拉高自己的行動力，進而實現自己的目標和願景。

　　你們個性中的敏感和想像力是你們的優勢之一，這樣的特質使你們能敏銳感知周圍環境和他人的情感，進而以正確的方式與之建立更深層次的連結或合作關係。另外，你們對於藝術、文學和創意領域可能會有興趣，並能夠從中獲得啓發和滿足。天馬行空的發想後，必須伴隨強而有力的行動計畫，方能使腦中的想法轉化爲實際成果。建議你們要多培養決斷力和執行力，以克服行動力不足的挑戰。

　　整體來說，27 日出生的人擁有強烈的好奇心和豐富的想像力。儘管行動力不足可能是你們性格上的弱點，但你們的想像力和敏銳度是你們的優勢。建議在追求夢想的過程中要記得平衡想像與現實之間的關係，將自己的想法轉化爲實際行動，才能將潛力充分發揮，進而實現目標。

生日數

9

的
速配職業類型

●你們對人類和社會進步具有承擔與分享的意願，適合從事公關、老師、藝術家或其他需要投注熱血精神的工作。

●你們具有高同理心、能換位思考和規畫未來發展的能力，適合教練、評論員等理念推動、促進社會公益或能為大眾帶來美好願景的工作。

職場求生——
從生日數透視你的優勢與劣勢

藉由生日數的能量，

將幫助職場新鮮人瞭解自己的優勢與劣勢，

不僅能避凶，

更能全面提升戰鬥力，

助你快速成長、夢想達標！

生日數 **1** 的職場新鮮人

生日數1的人在剛進入職場時就會展現強烈的企圖心,以及願意學習的心,這些特質使得你們在進入職場一段時間後便能慢慢展現領導才能、自我激勵能力與善於組織規畫的特質。聰明且希望快速成功的你們,也會藉由自身良好的溝通能力和極佳的長輩緣,幫自己爭取在他們身邊學習的機會,讓自己能夠快速成長,並取得成功。目標清晰且具有超強執行力的你們,將經由不斷學習和提升自己的能力來達成設定的目標。

優勢

1. 追求快速並精確達標

你們行事果斷,能夠快速找到解決方案,並在目標設定後以超強執行力和毅力一路挺進,使你們在新鮮人階

段就能快速適應工作環境和職務要求，並能夠在短時間內展現出成果。

2. 自信且信念堅定

你們對自身能力十分有信心，總是以堅持不懈的精神面對任務和挑戰，毫不懼怕。天生的自信心和堅持力，使你們在面對困難時，除了能保持冷靜外，也會以積極的態度來面對。

3. 領導力強

你們具有領導者的特質，會願意主動擔任負責人的角色，不懼怕承擔責任，並願意指導他人，總能讓身邊的人安心，並且找到合適的舞台發揮專業。願意扛下壓力的你們，將會有很高的機率擔任重要的角色，並獲得領導的機會和權力。

4. 追求卓越

你們樂意學習新知識和新技能，會為了保持領先的位置不斷提升自己的能力和專業。這種持續學習的態度，使你們能比其他人更快接觸到專案或公司的重要項目

生日數 1 的職場新鮮人會積極展現追求成效與卓越的

渴望，性格中帶有自信、堅定、善於領導等特質。這些特質使你們在還是新人的階段就能迅速適應環境，並能取得成功，為你們的職業生涯起步和未來打下堅實的基礎。但建議你們也需要在耐心、接受他人建議和團隊合作上多學習，以更快速且正確的步伐達成績效和成就。

劣勢

1. 缺乏耐心

你們習慣以宏觀和全面性策略來評估任務，讓你們產生一種錯覺，以為討論完就代表一定會按著計畫發展，容易忽略細節、缺乏耐性，並在工作中急於求成，忽視了步驟和反覆檢視的重要性，但是這些細節往往就是影響成功與否的關鍵。

2. 以自我為中心

你們對於自己相信的、經歷過的事物和觀點會十分堅持，特別是關係到專業判斷、對與錯、決策選擇上，不輕易接受他人的意見。這可能導致與同事之間的合作和溝通產生問題，阻礙了團隊的協作和效率。

3. 情緒起伏較大

你們十分在乎主管的評價和喜好，當你們感受到主管的期待和壓力時，會因為害怕犯錯而影響到表現和決策能力。在新鮮人階段，因為自身對工作的要求和期望，讓你們比較容易出現焦慮和擔憂的情況。

生日數 1 的人需要較長的時間來發展長程規畫能力，避免因為追求效率而忽視需要兼顧長期目標和職業規畫的重要性。在職場上，有清晰的工作目標和計畫，能幫助你們有效發揮並累積職業能量，進一步實現個人目標和成就。整體來說，你們在職場新鮮人階段容易出現耐心不足、固執、錯誤容忍度低和缺乏長遠規畫能力等缺點，但只要願意認知這些風險並積極改進，便能提升自己在職場上的表現，發展出更全面的專業能力。

生日數 2 的人在剛進入職場時，因為細心和願意協作的特質為自己帶來許多優勢。這些特質使得你們能夠建立良好的人際關係，展現出卓越的團隊合作能力、注重細節和高度準確性，能迅速學習和適應新環境。這些優勢都有助於職場發展，建立自己的聲譽與成功。

優勢

1. 良好的人際關係

生日數 2 的人具備與他人合作的天賦，能夠迅速與同事建立起良好的人際關係。你們注重傾聽和理解他人的需求，並願意協助他人解決問題。這使得你們在職場中能夠融入團隊，與不同背景和觀點的人一起合作，建立互信和融洽的工作環境。

2. 卓越的團隊合作能力

生日數 2 的人具有願意協作的特質，能夠成為出色的團隊成員。你們善於與他人合作，能夠適應不同的團隊動態，並貢獻自己的力量。你們也願意聆聽他人的意見，協助解決問題，並共同追求團隊目標。這種協作能力有助於提高整個團隊的效能和成果，並促進工作的順利進行。

3. 注重細節且力求準確

生日數 2 的人很細心，注意工作細節，並追求高度準確性。你們能夠仔細計畫工作流程，確保每個細節都得到妥善處理。這種特質在剛進入社會時尤為重要，因為細心和準確性能夠減少錯誤和失誤，確保工作品質達到高標準。

4. 學習快速且適應力強

生日數 2 的人具備願意協作的特質，能夠積極參與新的工作環境和任務。你們願意主動學習和接受挑戰，並與同事共同成長和進步。這種迅速學習和適應的能力使你們能夠快速順應職場變化，並在不同的工作場域中展現出色的表現。

生日數 2 的職場新鮮人擁有極佳的協作能力、敏銳度和細緻度等優勢，使得你們能夠成為出色的團隊成員和核心幕僚，但在剛進入職場時，你們在面對選擇、自信心和自我表達上掌握比較不好，有時甚至會成為你們的劣勢，建議要努力發展自己的領導能力和獨立思考能力，經由職場鍛鍊累積解決問題的經驗，學習做出明智的決定，並敢於積極表達自己的想法，才有機會展現潛力，在職場中取得長遠且鮮明的成就。

劣勢

1. 做事不夠果決

你們會花很多時間推想他人的意見和想法，為了獲得大家的認同而多方斟酌，無法迅速做出決策，導致你們錯失機會或無法應對快速變化的情境。

2. 過度依賴他人意見

你們過度重視他人的感受，而忽略了自己獨立思考和做判斷的機會。你們會展現出願意遵循或依賴他人意見的態度，而限制了表現個人觀點和主見的機會，久而久之，可

能會導致你們無法獨立解決問題或面對挑戰。

3. 不擅表達自我

你們為了追求和善的標籤，在表達自己的想法和意見上，會選擇用比較保守或含糊不清的方式。一方面想迴避衝突和爭執，一方面想多觀察整體氛圍和主流意見的走向，而刻意先不表達自己的立場與想法，使得你們在團隊中的聲音不夠突出，無法有效傳達自己的觀點和貢獻。

4. 自信心不足

對自己的能力缺乏自信，需要藉由他人的肯定來驅動自我，而且容易受到外界的評價和壓力影響，這將限制住你們在職場中的自信度與成長速度。

整體來說，生日數 2 的職場新鮮人擁有合作能力、敏感度、直覺力及耐心等優勢，但需要注意別過度敏感、優柔寡斷、迴避衝突和過度依賴他人等情況。當你們開始珍惜和看重自己的獨特性與價值時，才有機會改善自己的劣勢，並提升優勢，這將有助於你們在職場中擁有更好的發展，並取得成功。

生日數 3 的人在剛進入職場時，展現出積極樂觀的態度，能夠以正向的態度來面對和學習。對於你們來說，職場中出現的困難和挑戰都是展現自己能力和獨特性的好機會。你們不輕易放棄的特質，除了能夠激勵自己和團隊外，也讓你們在面對困難時能夠保持動力和冷靜。這些優勢都有助於職場發展，並建立自己的聲量和舞台。

優勢

1. 創新的思維

你們擁有豐富的想像力和創意力，面對職場和主管分配的任務能夠提出獨特且創意十足的解決方案。在新鮮人階段，你們天生的創意和創新能力將為公司帶來新視角和新機會，除了能夠解決問題外，也會帶來新的成果，

並推動公司的發展。

2. 良好的溝通能力

你們能夠清晰表達自己的想法和意見，並能夠有效的與他人溝通。讓你們能夠與團隊建立良好的合作關係，順利協調工作流程，並有效傳達信息。你們能夠在溝通中表達自己，並理解他人的需求，進而促進工作推進。

3. 高適應力

你們能夠快速適應多變的環境，並且馬上調整自己的狀態來面對新的挑戰和任務。在職場新鮮人階段，你們為了處理新的工作要求，會持續學習新的技能和知識，這都有賴良好的適應力來驅動，使你們能夠輕鬆調整自己的思維和工作方式。

生日數 3 的人在職場新鮮人階段，將因創意無限及不受限制的特質，成為主管眼中有價值的存在。你們擅長以跳出框架的想法來促進團隊的創造力，再加上善於溝通與合作，總能達到公司的目標與期待。建議你們除了將過去累積的經驗轉換成奇招外，也要持續努力學習跟自身專業有關的知識和技能，以提高自己的競爭力。

1. 過於理想主義

你們對於工作與職場有著高度期望，追求完美和創意，會因為實際工作環境中不可避免的限制和現實因素而感到沮喪，甚至導致不滿意而抗拒接受事實。

2. 缺乏細節和組織能力

你們容易忽略細節的重要性，甚至會覺得過度在乎細節是格局不夠大的展現。但在工作中，細節和準確度將影響工作的品質和效率，因此你們需要學習看重細節，並運用在管理和完成工作任務上。

3. 容易情緒化

你們對於自己看重且在乎的事物會投入很多情感，也會抱持相當高的期待，讓你們的情緒比較容易受到影響。過多的情緒起伏將會影響工作表現和效能，建議你們要學習情緒管理的技巧，維持情緒的穩定，找到有效的紓壓方法。

總結來說，生日數 3 的職場新鮮人略帶一點理想主義，但細節和組織能力不足，個人情緒也比較容易受到他人影響。建議你們要練習接受自己無法很完美，也不需要很完

美，只要抱持著願意學習的心，還是能夠創造出許多解決問題的方法和答案。

生日數 4 的人謹慎且善於分析，在剛進入職場的時候，你們就能夠以系統化及程序化來面對工作中的任務和挑戰。對於你們來說，職場中出現的困難和挑戰，都是老天爺讓你們能再次確認熟悉度和專業度的好機會。你們具有願意持續練習且不停止學習的特質，在面對困難時能夠馬上提出策略解方。這些優勢有助於你們成為主管眼中可以交付重要任務之人

優勢

1. 注重細節且具有組織能力

你們具有嚴謹的思維和分析能力，能夠將複雜的任務和資訊細分成可管理及可執行的部分。善於制定計畫、建立組織結構的你們，總能維持住高品質和準確度。你們的細心和組織能

力將有助於有效執行任務，展現優質的成果和成績。

2. 穩定且踏實

對自我要求極高的你們，將履行職責和承諾視為重點。你們願意遵循規則，能以細緻且系統化的方式完成工作。這種可靠性和穩定性使你們成為團隊中值得信賴的成員，並能夠承擔重要的職責和項目。

3. 具備解決問題的能力

你們擁有良好的邏輯思維和分析能力，能夠從多個角度思考問題，並找到有效的解決方案。你們善於提出問題、分析情況，並制定解決方案，能夠應對各種挑戰和困難。此一能力將使你們成為能夠幫公司解決燃眉之急的人選。

生日數 4 的職場新鮮人在著重細節、組織能力、可靠性及解決問題的能力上具有極強的優勢。隨著時間的推移和經驗的累積，上述特質將使你們很快就能成為團隊中不可或缺的一員，但由於你們需要分析與思考的時間，面對新任務或緊急的案子時容易不知所措，建議你們要以開放的心態來面對未知的人事物和資訊。

1. 過於謹慎保守

你們需要且願意遵守既定的程序和規則，對於風險和變化十分抗拒，這種保守的態度可能使你們在面對新挑戰時出現猶豫的想法，進而錯過了一些成長和發展的機會。你們需要學習在適當的時候冒險，以開放的心態接受新變化和新想法。

2. 過度強調細節而忽略整體目標

容易花費過多的時間和精力在細節上，反而忽略了整體的目標和策略，導致效率降低和時間管理上的困難。你們需要學習將注意力集中在重要的事項上，以確保工作的高效和目標的達成。

3. 過於追求完美

你們對自己和他人都有很高的期望，並追求完美的結果，但嚴格的評判標準會給身邊的人帶來不小的壓力，導致工作效能下降，無法達到預期的結果。你們需要學習適當的放鬆，放下對完美的要求和追尋，接受自己和他人都有可能不完美，將專注力放在如何讓自己進步上。

整體來說，生日數 4 的職場新鮮人可能因為性格較為謹慎保守，又過度強調細節和苛求完美，因而被主管和同事貼上固執和自以為是的標籤。建議要有意識地提升自己在職場中的彈性和適應能力，才能讓潛力能有更好的發揮，並取得大家的認同和正向回應。

生日數 5 的人思考敏捷，而且往往會想改變現況。剛進入職場時，你們即能以細緻的觀察力及充足的準備來面對任務和挑戰。對於你們來說，職場中的困難和挑戰都是好機會，可以練習資源整合與分配規畫。你們具有願意接受挑戰且不斷嘗試的特質，面對困難時能夠馬上借力使力，幫自己製造更好的機會。這些優勢有助於你們在職場中成為最會處理棘手任務之人。

優勢

1. 具有創造力和靈活度

你們能快速思考，迅速找到事物的關聯性，善於提出新的想法和解決方案，能夠從不同的角度看待問題，提供獨特而創新的觀點。這些特質將使

你們在創新和變革的環境中表現出色，能夠為團隊帶來新的思維。

2. 良好的溝通能力

你們不懼怕表達自己的意見和想法，能夠清晰傳達信息，並能與團隊中各類型的人都建立良好的關係，有效地將協作目標明確說明，在項目管理上的表現十分優秀。

3. 富有冒險精神和超強適應力

你們的應變能力很強，勇於接受新挑戰和新機會，能夠迅速適應不同的工作環境。這些特質能讓你們在變動和不確定的職場環境中更容易脫穎而出，而且擅長應對各種挑戰，掌握表現的機會。

生日數 5 的職場新鮮人以極佳的創造力、靈活性、溝通力和適應力等優勢著稱。這些優勢使得你們能為公司和團體帶來新的想法和解決方案，能迅速適應各種不同的職場環境，並取得成功。透過持續發展和善用優勢，你們將能夠在職場中展現出色的表現。

1. 專注力和細緻度不足

你們追求刺激和新想法,並且享受其中的過程,這讓你們可能會忽略了細節,也可能有點排斥繁瑣的任務。你們會因為心急而出現錯誤或發生疏忽的情況,需要學習提高專注力和管理細節能力,以確保工作的準確性和完整性。

2. 穩定性不足

你們對於重複和一成不變的項目容易感到厭倦,導致在職場發展上容易出現想要求變化或乾脆放棄的想法。你們需要學習管理自己的動機和目標,並找到讓自己在職場中持續成長和發展的方法。

3. 時間管理技巧不成熟

你們對新想法和新事物很感興趣,但容易注意力不集中,甚至因此在原工作項目中失去方向。你們需要學習更有目標的統整工作項目,幫自己設定優先順序,並遵守時間表,以確保任務能及時完成。

4. 選擇困難

由於你們對於許多事物都十分感興趣,可能會陷入選擇

困難或遲疑不決的情況，導致延遲做決定而錯失機會。你們需要學習有效的決策方法和分析能力，以適應職場中必須快速應變的需求。

整體來說，生日數 5 的職場新鮮人可能會因為專注力不足、缺乏穩定性、自我管理的經驗不足，讓自己在面對決策和困難時出現猶豫的情況。但你們的創意十足，對新事物非常包容，也願意花時間探索、學習，因此最終都可以克服上述挑戰，並在職場中展現出色的表現。

生日數 6 的職場新鮮人

生日數 6 的人在剛進入職場時，因為親切且不過度抱怨的特質而有機會跟在主管身邊學習，或是負責服務重要客戶。你們擁有好人緣及貴人緣，總有貴人相助。對你們來說，在職場中遇到的困難和挑戰都是訓練自己組織統整能力及創意發想的好機會。你們願意向前輩請教且不害怕承認自己的不足，當你們遭遇困難時，主管和前輩反而會願意出手協助。這些優勢有助於你們在職場中能快速朝著正確的道路前進。

優勢

1. 良好的人際關係

你們善於與他人建立良好的關係，並具有優秀的溝通和表達能力，能夠與不同背景和個性的人好好合作。你

們善於聆聽他人的建議，並能夠以開放的態度看待不同的觀點。擁有良好的人際關係，使你們能夠建立積極的工作環境，促進團隊合作與團結。

2. 優秀的組織規畫能力

你們傾向於事先計畫和預先準備，能夠有效管理自己的工作，對細節和時間管理非常注重，以確保任務按時完成，並達到高品質的要求。這種組織和規畫能力使你們在面對繁忙的工作時能夠保持冷靜和高效。

3. 注重品質和準確性

你們追求卓越，並對工作結果有高度的要求，會仔細審查和檢查工作成果，確保沒有錯誤和瑕疵。對品質的追求使你們能夠提供優質的工作成果，贏得同事和上級的信任和讚揚。

4. 具有解決問題的能力

你們善於分析問題、找出解決方案，並有效實施計畫，能夠以冷靜和理性的態度應對挑戰和困難，即使在壓力之下，也能保持良好的表現。你們具有創造性思維和靈活性，能夠提出創新的解決方案。

總的來說，生日數 6 的職場新鮮人憑藉著出色的人際關係、組織規畫能力、品質意識和問題解決能力，能夠在工作中表現出色。這些優勢使你們成為團隊中不可或缺的一員，能夠在職場中有出色的表現。

劣勢

1. 過於謹慎和固執

你們追求完美且想避免風險，因而產生遲疑不決或過度擔憂的情況，這會直接影響你們的行動力和做決策的能力，導致工作進展緩慢或錯失機會。你們需要學會在必要時放手一搏，讓自己更加靈活和果斷。

2. 過度關注細節而忽視全局

你們容易被工作中的瑣碎細節占據大部分的時間，這讓你們對大局和整體目標容易產生偏移的情況。你們綜觀全局的能力略顯不足，因而限制了你們的創造力和創新力，也容易錯過解決問題的黃金時刻。建議你們要學會在細節和整體之間找到平衡，讓自己擁有更寬廣的視野和戰略思維。

3. 自我要求過高

你們對自己和他人都有高度的期待和要求，導致容易出現過壓和焦慮的情況，也容易感到沮喪和失望。你們需要學會放鬆和接受自己的不完美，並學習與他人分擔壓力和尋求支持。

4. 難以兼顧工作與生活

你們願意投入大量的時間和精力在工作上，有時會忽略休息和娛樂的需求，導致身心疲憊，工作一陣子後會出現缺乏工作動力的情況。你們需要學會管理時間，讓自己擁有健康的生活，不僅有助提高工作效率，也能兼顧生活品質。

整體來說，生日數 6 的職場新鮮人容易因為得失心而過度謹慎、固執，甚至對自己過度苛求。要知道，剛進入職場時有一項重要任務就是「犯錯」，藉由錯誤幫助自己學習、記取教訓。當然，你們可以追求完美，但不代表完全不能犯錯，只要保持願意學習的態度和觀念，便能跨越缺點，讓自己隨著經驗增長成為職場中人人稱讚的完美之人。

生日數 7 的人在剛進入職場時，樂於學習且願意事前準備。為了讓自己以最佳狀態面對工作，你們不單準備了充分的資料，更以滿滿的自信來面對挑戰。對於你們來說，職場中的困難和挑戰都是為了準備好的人而設下的，而你們正可藉此機會展現自我的專業和企圖心。你們願意持續學習、找尋最佳解方，面對困難和挑戰時會轉念跟自己說，把握每一次學習的機會就能變得更好。這些優勢有助於你們在職場中成為經驗累積最快的人。

優勢

1. 冷靜思考

你們在做決策之前會做足功課，並充分分析情況，將各種前因後果都考慮進去，因此在處理複雜的問題時能

表現出色，做出明智的判斷。

2. 求知欲旺

你們對新知識和新技術十分感興趣，願意花時間去學習，並運用在職場當中。強烈的學習精神讓你們能夠提出不同的解方，來適應不同的任務和變化。你們的求知欲望讓你們成為團隊中的問題解決者，願意尋找創新的解決方案來克服難題。

3. 善於觀察與傾聽

你們注重細節，並且善於聆聽他人的需求和意見，讓你們在與同事和客戶溝通時更加精準、有效。你們的良好溝通能力還有助於領導團隊，提升團體協作的順暢度。

4. 富有想像力

你們能夠提出新穎的想法和解決方案，能帶給團體新的視角和思路。這種創造力使得你們在解決問題和應對挑戰時更具靈活度，能夠擁抱變化，並找到突破口。

生日數 7 的職場新鮮人具備冷靜思考、願意學習、善於溝通的能力和創造力等優勢，使你們成為出色的問題解決者、學習者和創新者。你們需要適當的以開放的思維來面

對職場當中的事物，藉由增加團隊溝通的機會，幫助自己在面對壓力時依舊能保持平衡。請經由不斷學習和發揮自己的潛力來實現職業生涯的成功。

劣勢

1. 過於理想主義和理論化

你們追求完美的解決方案且過度依賴理論，但在實際工作上往往計畫趕不上變化。你們比較難在計畫和實際問題中做出適應變化的決策，需要學習將理論應用於實際情境中，並學會如何靈活解決問題。

2. 比較保守且不擅社交

你們善於獨自完成工作，比較不願意與他人合作，但單兵作業常會使交流過少，影響你們在團隊中的表現和溝通成果。你們需要學習主動尋求合作機會，並接受他人的意見。

3. 不擅管理工作順序

你們常花費過多的時間在細節上，導致工作進度延遲，無法按時完成任務。你們需要學習有效的時間管理技巧，

並學會識別優先順序和規畫工作步調。

4. 領導力和主動性較低

你比較謹慎且不願冒險，會選擇比較安全或遵守規則的路線，當你們察覺到自己可能跟公司或主管方向不一致時，會選擇拉開距離、不主動加入，這可能會阻礙了你們在職場中展現創意的機會。

整體來說，生日數 7 的職場新鮮人會過於理想主義、保守、注重細節，容易忽略時間管理的重要性，且缺乏主動性。你們可以透過適當的練習和不斷的嘗試，擴大自己能夠接受的範圍，當你們克服這些缺點時，便能發展出更全面的職場生存能力。

　　生日數 8 的人在剛進入職場時，因為強大的組織能力和以終為始的特質，讓你們能夠以較快的速度受到主管的賞識，並能提出穩健且應用度極高的企畫。對於你們來說，在職場中遇到的困難和挑戰，反而是展現自己技能與專長的最佳時機。你們不到最後絕不放棄的特質，讓你們在面對困境和難題時能激發出自己的新技能和新高度。這些優勢有助於你們在職場中成為閃亮之星，也是晉升主管的強大優勢。

優勢

1. 目標導向

　　你們能快速制定計畫和設定目標，擁有實現目標的堅定決心和毅力。你們善於時間管理和資源分配，能夠高

效地完成任務，並在壓力下保持冷靜。

2. 決策果斷

你們的自信心極高，能夠果斷做出決策，並願意承擔責任。你們也擁有良好的人際關係和溝通能力，深知自己的影響力和支持度，讓你們即使遇到緊張時刻也有底氣，能夠不需要與團隊成員全面溝通就能做出決定，因為有信心團隊成員都會願意成為你們的推手和助力。

3. 抗壓性強

你們願意花時間收集資訊、分析問題，在面對困難和挑戰時，除了能冷靜面對，也能保持積極的態度接受任務和變動。你們能夠在壓力下保持理智去尋找解決問題的機會。

4. 具有商業頭腦

你們善於找尋和發現商機，擁有能將創新想法轉化為實際行動的能力。你們還具備了分析市場和策略規畫的能力，能夠做出明智的決策，總能為團隊帶來豐碩的商業利益。

生日數 8 的職場新鮮人具備組織能力、領導能力、決策力、問題解決能力和創新思維等優勢。這些優勢將使你們在職場中充滿競爭力，並能夠迅速成長和發展。你們的戰鬥力及想要成功的欲望促使你們全力以赴，以最佳狀態來適應職場中的變化和挑戰。

劣勢

1. 過於強調目標和結果

你們因為太過追求個人成就，而忽略了團隊合作的重要性，導致與同事的關係較為疏遠。缺乏團隊合作精神的你們，會在遇到危機時感受到孤立無援的失落感。

2. 過於強勢

你們只相信自己，不論是在做決定或控制事務上，都會比較堅持用自己的方式和邏輯來處理。過於個人主義將導致忽視團隊中其他成員的貢獻和想法，與同事之間就容易產生衝突和矛盾，進而阻礙了團隊的協作和創新。

3. 易身心失衡

願意長時間工作的你們，往往忽略了適度休息和娛樂的

重要性。你們凡事全力以赴，長期下來，難免會出現身心俱疲的情況，特別是專案時間比較長，或是人力比較吃緊的時候，對你們的健康和個人生活也容易產生負面影響。

4. 易情緒化

你們對自我的要求很高，較難接受自己的失敗，特別是當你們對自己的付出和作品信心十足時，最容易出現沮喪和情緒壓力。

整體來說，生日數 8 的職場新鮮人通常會有過度強調個人成就、堅持己見、過於情緒化等缺點，但你們目標清晰、自制力強且具有敏捷的行動力，隨著時間和經驗的累積，這些缺點也將有明顯的改善與改變，當你們可以更順暢的與團隊合作且能掌握情緒管理技巧時，你們便能實現個人目標，並且達成公司的期待。

生日數 9 的人具有強大的同理心，也願意釋放自己的資源，因此剛進入職場就能快速融入群體，與大家建立深度且信任的關係。這些特質讓你們更加願意學習，並以謙虛的態度跟前輩和主管請教解決問題之道。對於你們來說，在職場中遇到的困難和挑戰，反而是與團隊拉近關係且能多方學習的最佳時機。善於將危機變轉機的特質，讓你們在面對困難時能找到突破的機會和轉捩點。這些優勢有助於你們在職場中成為居中協調及統籌分配的關鍵人物。

優勢

1. 具有豐富的想像力和創造力

善於藉由提出新穎想法和解決方案來展現個人的獨特觀點和創新思維。

這個特質使得你們在解決問題和應對挑戰時，能夠提出獨到的見解，並為團隊帶來新的思路和方向。

2. 人際關係良好

善於傾聽，也願意理解他人的需求和觀點，在團隊合作和溝通方面表現出色，能夠與不同的人有效合作，促進團隊的和諧與協作。

3. 主動關懷他人

願意主動關注他人的需求和情感，並願意給予支持和協助，使得你們能夠與同事建立信賴感，也能彼此分享心情感受，是促進團隊凝聚力與合作的重要角色。

4. 洞察力優越

你們能敏銳察覺周圍的氛圍變化，迅速理解並融入環境中，讓你們在解決問題和做決策時能更加靈活、有彈性。

生日數 9 的職場新鮮人擁有豐富的想像力、優秀的人際關係技巧、同理心和洞察力等優勢，使你們能夠在團隊中發揮獨特的貢獻，促進團隊的合作和凝聚力，並在工作中展現出色的表現。當你們能發揮潛力時，也能實現個人夢想與職場的期待。

1. 過於情緒化

你們對於他人的情感變化很敏感，也能理解他人面臨的困境，容易被他人影響情緒。你們需要學習情緒管理和情感管理的能力，讓自己保持冷靜和理性的態度。

2. 不重視自己的需求和權利

過度在意自己是否爲他人提供了足夠的資源與協助，甚至會以此來評估自己是否稱得上好人，這樣的壓力會讓你們忘了學習如何平衡工作和生活兩大領域。你們需要明確設定個人目標和界限，以免爲了幫助別人而過度耗損精力和資源。

3. 過度追求和諧

爲了避免與他人產生衝突，你們會選擇不直接表達自己的想法和意見，特別是你們的意見跟大家明顯不同的時候。但這可能會限制了你們的成長和發展，因爲有時意見衝突是促進創新和改進的契機。你們需要學習如何有效地處理衝突，以及表達自己的觀點，以建立更有建設性的工作環境。

4. 過於理想主義

你們對工作充滿高度的期望和理想，但開始執行後便會發現其中的殘酷，而且可能無法完全預防，這種無法按照預期發展的狀況，可能會使你們出現沮喪和失望的情緒。

整體來說，生日數 9 的職場新鮮人需要注意避免過於情緒化和感情用事，不要過度看輕自己的權益，必須更有智慧地處理衝突和表達自己的觀點。在追尋個人夢想的同時，也願意幫助身邊需要的人和同事，除了能讓你們對自己的付出和大愛感到滿意之外，也能更加理解現實與理想的差距，規畫出最佳策略，發揮自己的專長和優勢，在職場當中取得成功。

職場晉升——

洞悉職場前輩和主管生日數，
大開晉升之門

俗話說：「好的主管帶你上天堂，壞的主管讓你進病房。」

其實主管或合作夥伴沒有絕對的好與壞，

成敗的關鍵往往是彼此能否合拍。

參透職場前輩和主管的生日數，

將幫助你找到優質合作的契機，

打開職場晉升之門。

生日數 1 的職場前輩或主管非常重視團隊成員是否具備專業性、解決問題的自信、善於溝通和協作,以及設定目標並執行完畢的能力。他們相信能夠在職場中屹立不搖且持續保持領先的方式,是成為一個不斷自我成長且持續學習的人。永遠讓自己走在第一線並瞭解真實情況,才是職場生存的最佳法則。

生日數 1 的前輩和主管 十分看重團隊成員的……

1. 高效率

他們看重工作效率,並且追求任務達成率,希望團隊能夠將全部的專注力都放在工作上,心中沒有其他懸念和想法。他們相信能幫助大家聚焦的人才能以高效的方式完成任務,達到

設定的目標。

2. 專業能力

他們很重視團隊成員的專業能力和技術水平，期望成員都能具備專業的知識和技能。當大家都能成為專業領域的佼佼者時，整個團隊會更加優秀而無法被取代，成為業界中的表率。

3. 高責任感

他們喜歡有自主性和責任感的人，相信機會是不等人的。如果真的想要就要主動爭取，但在爭取的同時，也需要做好擔負風險的準備。他們希望成員都能夠主動承擔責任、展示領導能力，並會盡全力解決一切問題。

4. 良好的溝通能力

他們非常看重團隊成員是否具備良好的溝通與合作能力，希望人人都能夠清楚表達意見，以清晰且共好的邏輯與他人展開合作，除了能避免衝突外，也能在大家發生歧見時給出公允的回覆和建議。

5. 專注細節

他們對細節十分敏感且在意，相信若要精準無誤完成工

作就必須從每一個細節下手，然後制定完整的計畫及追蹤邏輯，藉由達成每一個細節成就整個計畫布局。

生日數 1 的主管不介意團隊成員越變越強，甚至贏過自己也沒關係。他們覺得只要是憑著真本事和實力而成功，功勞就應該屬於那個人的，較少因為擔心光芒被搶而不讓團隊成員發揮的情況，但非常在意誠實及是否有真正的實力。生日數 1 的主管會用一種更宏觀的視角來看待競爭，畢竟世界很大但業界很小，不需要為了競爭而出現不悅的情緒，因為機會永遠是留給準備好的人。在職場打滾，除了追求成功之外，還有更重要的事，那就是工作倫理及尊重。在生日數 1 的前輩和主管心中，希望團隊成員都能保持積極的態度，並具有良好的工作倫理，在展示自己能力的過程中，還要能兼顧面子和裡子，做個裡外都讓人讚賞不已的人。

與生日數 1 的前輩和主管相處時，請不要自作聰明或假裝聰明，因為他們比你們有經驗，甚至連欺騙的能力都高出你們許多。你們眼中自以為是的高招，可能他們都已經用過或早就破解了，與其被主管抓包，還不如盡全力完成被分配到的任務。只要他們看到也認同你們是拚盡全力的，即使未達標或是出錯，都還是會願意教導更好的處理方法，或分享導致出錯的原因。請不要讓他們在你們身上貼上說謊、竊取他人創意、推卸責任等標籤，一旦你們被這樣認定，將永無翻身的可能。

生日數 2 的職場前輩或主管非常重視團隊成員是否具備分析問題、提出創新解決方案、有效處理挑戰和障礙的能力。他們認為，具備良好問題解決能力的團隊成員才能夠在工作中克服困難，並提供有效的解決方案，進一步提高工作效率和團隊成績。

生日數 2 的前輩和主管
十分看重團隊成員的……

1. 可靠性

他們希望成員能按時完成工作、履行承諾，並提供高質量的工作成果。具有可靠特質的團隊成員，能夠為團隊帶來穩定性和信任感，使工作流程順暢，並確保任務能及時交付。

2. 主動性

他們希望團隊成員在面臨挑戰與壓

力時，能展現主動性及解決問題的能力。這意味著他們希望成員不僅僅是完成指派的任務而已，而是要能夠主動尋找機會和提出改進建議。具有主動性的成員能夠主動發現問題並找到解決方案，將能成爲生日數 2 前輩與主管的心腹和團體中的核心幕僚。

3. 團隊合作力

團隊合作力也是他們期待成員能擁有的特質。他們希望成員都能夠積極參與團隊活動、有效與他人合作，並對團隊目標做出貢獻。具備合作精神的成員能夠促進團隊的凝聚力和合作效能，齊心努力實現共同目標。

4. 溝通力

他們期望團隊成員具有良好的溝通能力，能夠清晰表達想法和意見、有效聆聽他人的建言，並在需要時適時提供反饋。良好的溝通能力有助於確保信息的順暢流通，減少誤解和衝突，進而促進良好的工作關係和團隊合作。

5. 解決問題的能力

他們希望團隊成員能夠具備分析問題、提出創新解決方案、有效處理挑戰和障礙的能力。具備良好的問題解

決能力的團隊成員，能夠在工作中克服困難，並提供有效的解決方案，進一步提高工作效率和團隊成果。

　　他們通常希望與團隊成員建立良好的工作關係，會以相對尊重且願意分享資源的態度來帶領團隊，也希望成員能夠理解且認同他們的理念。當團隊成員的行為不符合這些價值觀時，生日數 2 的前輩和主管將會感到生氣和失望，特別是忽視或輕視前輩和主管意見的成員，生日數 2 的前輩和主管會立即調整其工作職責，並收回對方手中的機會和項目，同時會考慮用合理但高強度的紀律來讓對方明白誰才是有權力之人。

與生日數 2 前輩和主管共事時，一定要讓他們感受到你們的忠誠與可靠度。非常在意群體認同感的他們，會用各式各樣的方式來確認你們的向心力及認同感，所以在跟他們共事時一定要保持禮貌和態度。他們會觀察你們的用字遣詞，進而判斷你們是不是自己人。與他們溝通時，一定要以他們習慣的溝通風格和語言文字來分享自己的感受和建議，同時需要觀察他們的情緒反應和回話方式，其中是否帶著其他的情緒和期待。請隨時保持禮貌及願意體諒、理解的態度，避免使用過於直接或強勢的言辭。在跟生日數 2 的前輩和主管溝通時，爭辯對與錯不是最優先的，而是要先詢問緣由、照顧他們的心情，當他們覺得你們是支持他們的時候，討論中就會減少情緒性的發言與責罵，而且他們也會願意分享解套的方法與策略。

　　生日數 3 的職場前輩和主管非常重視團隊成員是否具備創意和創新力、彈性、協作能力、善於溝通的能力。他們本身就是追求創意且看重彈性的人，非常討厭甚至排斥跟過於保守、自信心不足的人共事。對他們來說，路是走出來的，解方是問出來的，只要不斷前進和探詢，機會和解方就會出現。他們重視一個人的企圖心和決心，因為在現實生活中計畫永遠都趕不上變化，唯有願意不斷嘗試的人，才會找到最適切的答案和最有效的資源。

生日數 3 的前輩和主管
十分看重團隊成員的……

1. 創新和創意

　　他們非常看重誰擁有跳出框架、能用不同面向解讀事情的能力。面對挑

戰，他們通常不會先問能不能夠完成，而是會先問還有哪些機會或哪裡是突破點，會先找到反制的方向後，再來討論執行計畫。

2. 彈性

他們欣賞擁有彈性和自主性高的團隊成員，也會鼓勵成員要展現自主管理能力和安排規畫的能力，願意給成員一定範圍的決策權限和自由規畫的空間。

3. 團隊協作力

生日數 3 的前輩和主管重視團隊成員是否能夠合作，以及是否願意協作。他們認為團結力量大，如果要贏得快，並取得讓人驚豔的成果，就必須結合眾人的力量與創意。他們希望團隊成員間能有效合作，一同完成任務、達成目標。

4. 良好的溝通能力

他們很重視良好的溝通，因此具有建立關係的能力對他們來說十分重要。他們認為能清晰傳達意圖和目標，才能快速凝聚共識，也能讓討論更具成效，同時能幫自己帶來重要且關鍵的資源。

5. 願意持續學習

　　他們重視團隊成員是否持續學習和進步，爲了要保持領先或是追上大眾腳步，每一個人都需要不斷提升自己的專業能力，才能出奇制勝，走出一條跟大家不一樣的路。

　　他們希望跟團隊成員間的相處就像大型智庫般。不到必要時刻，他們較少會拿出主管的權威和架子，只有在創意發想這一塊會讓你們感受到他們的主管權力。他們對於每個人提出的創意和想法，會以非常高的標準來審核，並認眞地反饋，一旦進到討論解決方案和發想提案內容時，就會變得異常嚴肅，不容許任何輕忽的情況產生。平時，他們不會要求太多規矩和細節，只要能完成任務即可。但如果是遇到年度大案或大型競賽，他們便會要求每一個人全心投入，而且團隊成員最好不要過度抱怨。生日數 3 的前輩和主管不會計較大家日常的打混摸魚，但如果有人在關鍵時刻過度抱怨或不願配合，他們就會毫不猶豫地結束合作關係，因爲他們要的團隊成員是長眼且自主性高的。

與生日數 3 的前輩和主管共事時，要積極提出創新的解決方案，並且主動找主管分享和討論。如此一來，除了能夠讓主管更快速瞭解你們外，也可以藉此幫自己爭取讓腦中規畫登上舞台的機會。要注意的是，一旦他們給了你們機會和權力，你們就要把這個案子當作是自己的創業項目，遇到任何問題都要自己想辦法解決，不過度抱怨或將責任推拖到他人和主管身上，因為當他們願意給你們機會時，就已經想過你們可能會失敗，而身為主管的他們也早就想好應對方式，但他們會希望看到你們的決心、毅力及創新力。談白說，成功固然重要，但努力嘗試的過程及學習到的經驗也十分珍貴。請以願賭服輸的精神及勇於承擔的態度來跟他們相處，這將大大提升你們在他們心中的位置和重要性。

生日數 4 的職場前輩和主管非常重視團隊成員是否具有準確性、組織力、效率、穩定性與持續性等能力。他們追求品質和效能，非常注重工作上的細節和精確性，不喜歡別人用敷衍和馬虎的態度來看待工作，也非常不欣賞粗心的人。他們本質上不喜歡聽到人家說抱歉，因為再多道歉也無法改變事實，與其出錯之後說抱歉，還不如做好事前的調查工作，讓風險降到最低，再以細心且全力以赴的決心拉高成效。生日數 4 的他們不是不能接受失敗或錯誤，而是更加在意為什麼會發生這些錯誤，他們會想要找到關鍵原因，馬上改善並確定未來不會再發生。

1. 尊重前輩和專家

　　經驗豐厚且持續精進的他們，對於自己專業領域中的見解和想法是十分堅持的，而且很在意別人是否尊重他們的價值觀和指示。為了避免不必要的衝突和爭執，建議你們除非百分之百確定自己的提議會有更好的效果和成績，不然千萬不要輕率說出自己的見解，可以用請教的方式來表達你們的想法和意見。

2. 清晰的邏輯

　　他們注重細節與邏輯，跟他們共事一定要以他們常用的理解方式來說明，這樣除了能夠讓他們馬上瞭解外，也能確認自己想要說明的訊息能被正確理解和採納。

3. 承擔責任的勇氣

　　他們喜歡和可以信賴的同事一起合作，十分看重且要求團隊成員要展現出自己的責任感和可靠性。一旦你們展現出願意承擔責任的態度時，他們反而會在必要時刻跳出來陪你們一起面對，甚至替你們一肩扛起責任。

4. 保持效率

他們不喜歡拖延和浪費時間的人，一旦進入工作狀態，會要求團隊成員要全心全意付出，並展現自身的專業和技術，以確保工作順利進行為目標。在這期間，只要發生會阻礙效率和成果的任何因素，他們會希望團隊成員能主動且積極的處理，並找到解方。

他們十分尊重團隊成員，相信大家都是成熟的大人，不需要三令五申或用規定、責任和法律來耳提面命，大家應當都會遵守規定並負起相對的責任。若是必須像保母一樣照三餐提醒，會讓他們不耐煩，開始將你們隔離在重要的專案之外，漸漸冷凍你們，若情況依舊沒有改善，就會請你們離開這個位置。他們具有冷靜且願意分享資源的特質，其實內心會希望找到能承接手中資源和經驗的對象，希望能將自身經驗和學習心得跟大家分享，是十分溫暖且公平的主管，只要團隊成員願意學習且拚盡全力，他們也一定願意成為你們堅強的後盾。

與生日數 4 的前輩和主管共事時，不要急著附和或回應，請先深思熟慮再分享自己的分析與建議。跟他們一起工作，必須特別留心節奏感的拿捏和邏輯規畫，因為你們的計畫方向會直接影響到獲取資源的豐厚度及升遷速度。他們在選定方案後會願意分享和投注他們的資源，為了能更有效使用他們的資源和人脈，建議你們要在自身專業及資訊分析能力上多下苦功，讓每一份報告都能成為你們證明決心和誠意的利器。跟在生日數 4 的前輩和主管身邊，也會讓你們的基礎功力十分扎實，提前奠定未來與他人競爭的能力。

　　生日數 5 的職場前輩和主管非常重視團隊成員是否具備跳出框架、不懼改變、勇於嘗試及不斷學習的特質。他們十分重視學習和個人成長，除了自己樂於投身其中，也希望身邊的人能不斷精進，儲備足夠的能力和專業來支持職場的發展與挑戰。他們給人一種拚命三郎、精力滿滿的感覺，這是因為他們十分看重自由，而且尊重每一位團隊成員，希望人人都能發揮所長，展現出最佳狀態，除了有助於達成目標外，還可藉此獲取在工作中的自主權和靈活性，不會過度被束縛和限制。看重創新和變化的他們，也喜歡用自己的方式完成挑戰和任務。他們對於尋找新鮮事物和改革創新有濃厚興趣，透過不斷超越自己來獲得更多的信心和成就感。

1. 願意突破自我

他們看重創意和邏輯，喜歡在工作中看到團隊成員展現自己的想法與見地，願意花時間跟團隊成員討論，並給予對方一定程度的自由和發想空間，希望你們能因此提出讓人驚豔的提案。與生日數 5 的主管工作時，要避免過度自我設限，可先提出計畫，再與他們討論。

2. 樂於求新求變

他們看重團隊成員在工作時是否能帶入任何新想法或新資訊，即使是每年都要執行的任務，也希望看到你們提出新的創意或變化。與其說他們喜歡追求新的機會和挑戰，還不如說他們希望能透過創新讓客戶感受到團隊的用心和獨特性。對他們來說，創新精神更像是他們對於工作的尊重和專業度的展現。

3. 正向面對壓力

他們在意團隊成員是否有良好的抗壓性和挑戰能力，有時會藉由一些具有風險的任務來觀察你們的反應力，

以及是否能在壓力下做出正確且適當的決定。對於他們來說，臨危不亂更能凸顯一個人的管理潛力與發展機會。

4. 願意不斷學習和成長

他們重視自主學習和個人成長，樂見團隊成員花時間收集資訊和學習新知，藉以提升在工作上的表現和判斷能力。他們相信每個任務都是提升自我的良機，並能讓自己擁有豐厚的參考資訊，進而支持發展專業能力。

他們非常願意讓團隊成員有展現的機會，但前提是要先看到你們的誠意和實力。他們認為「機會是留給準備好的人，而不是有關係的人」，不太會因為交情和人情壓力而放寬標準，是最公平也最容易取悅的前輩和主管，不需要你們太多的甜言蜜語和拍馬屁，只要善盡職責就是負責任的表現。另外，直覺力和觀察力都很強的他們，其實都知道誰在偷懶或說謊，千萬不要妄想在他們面前耍小聰明。誠實是唯一選擇，一旦他們發現你們的欺騙行為，會毫不猶豫的在大家面前撕下你們的面具、拆穿你們的謊言。

千萬別跟生日數 5 的前輩和主管裝熟，要用實際戰功來讓他們相信你們。本質上，他們不太吃套交情這個路線。他們有時只是給對方面子或不想破壞氣氛，表面上不說破，但其實心中非常不欣賞虛華、出一張嘴及無法說到做到的人。跟他們共事時，請讓自己專注在任務和事件上，先收起個人的情緒和想法，仔細聆聽主管和他人的分析與觀察，讓自己有足夠的資訊並瞭解前因後果後，再分享自己的想法與建議。他們非常欣賞能跳出舊思維又能遵循整體社會價值的人，因此處事穩健而想法新穎的人將會成為他們想要提拔並攜手合作的對象。

生日數 6 的職場前輩和主管非常重視團隊成員是否具備協作力、責任感、細心及願意公正視事的能力。十分重視團隊合作和人際關係的他們，非常在乎團隊成員間是否能和諧相處且樂於協助他人。他們也十分重視打造和諧的工作氛圍，希望看到大家都積極參與團隊活動或合作。有強烈責任感的他們，也會在意團隊成員是否願意承擔責任，並願意優先考慮團隊的利益。對他們來說，在完成任務和履行義務的同時，其實也是團隊協作最好的證明。

生日數 6 的前輩和主管
十分看重團隊成員的……

1. 善於團隊合作

他們非常重視團隊合作，在意團體

中的氛圍與關係的和諧度。他們喜歡同事間能和諧相處，同時希望大家都願意協助他人。如果你們具有願意互助合作的特質，會讓他們能放心將重要的案子交託在你們手中。

2. 有承擔責任的認知

他們本身具有強烈的責任感和義務感，如果團隊發生問題，首先看重負責之人是否能承擔責任、是否會以團隊利益為優先考量。他們會從一個人能否完成任務和履行義務來評估是否為值得提拔的對象。

3. 細心且在乎他人感受

注重細節且希望團隊成員相互照顧的他們，會希望成員們願意花時間討論和觀察細節，確保事情能有周全的安排和計畫。他們會期許團隊成員都願意放下個人情緒，找到大家共好的目標和執行方式，降低過多個人英雄主義的情況出現。

4. 願意公平待人

在乎公平和公正的他們，會先理解他人的想法或苦衷，希望看到團隊成員願意以尊重他人的方式和平共處，並

做出公平的決策和處理原則，在容許範圍內，讓大家的觀點都能被看見、被聆聽。

　　他們十分重視合作精神、責任感及願意公平待人的特質，願意放下年資和身分跟大家當朋友，也會用同樣的價值觀來理解身邊的同事或團隊成員。他們理解職場上的競爭關係是無法避免的，既然無法躲避，那就盡力將餅做大，讓大家足夠分食，適當的競爭和比較對他們來說是無傷大雅的，只要最終大家都能獲得想要的成果就好。生日數 6 的主管非常認同「財散人聚，財聚人散」的說法，所以他們會想要聚集眾人之力做到市場第一，讓每一個人都能擁有一片天地。

跟生日數 6 的前輩和主管相處時，不要太常抱怨或打其他同事的小報告，因為這樣的行為除了會讓他們反感，也會讓他們將矛頭和注意力轉移到你們身上，反而幫自己製造不必要的壓力和關注。請多展現你們願意團隊合作的態度，並對於自己負責的項目承擔起全部的責任和義務，以負責任的態度讓事件能夠順利推進。同時要時刻注意細節，以及感受合作之人是否有任何情緒的變化和需求，隨時關注且保持修改的彈性。最後，請你們盡力成為一個公正且願意說真話的人，因為他們希望看到成員願意致力打造公平公正的工作環境，並且能尊重不同理念與特點的人，建議你們在累積專業的同時也要花時間建立良好關係，他們喜愛將資源和機會提供給願意創造積極與和諧工作環境的員工。

　　生日數 7 的職場前輩和主管非常重視團隊成員是否具備深度思考、獨立性、專注力及願意不斷學習的能力。他們本身就喜歡深入思考和分析問題，因此非常欣賞喜歡探求事物背後本質和原理的人，也十分看重成員是否有足夠的理解能力來面對複雜度較高的項目和人物。他們也很重視團隊成員是否能獨立完成工作，希望看到你們在工作中展現自主且不懼怕挑戰的特質，因為他們相信獨立完成任務的能力是職場中重要且必備的能力之一。另外，他們也十分欣賞願意不斷學習和探索的特質，因此請你們保持願意持續學習和進修的心，讓自己成為職場中的閃耀之星。

1. 深入思考與分析的能力

善於深度思考和分析問題的他們，對於每件事情背後的原因和目的有著強烈的好奇心和探究的決心，因此他們會將複雜的狀況抽絲剝繭，找到其中的關聯性和差異性，也希望看到團隊成員能夠獨立思考，並具有找尋答案的勇氣。他們認為透過挖掘真相的過程更能凸顯一個人的反應力和觀察力。

2. 獨立性

他們看重獨立性和自主性，主張在工作上一定要適時幫自己爭取自主權和話語權，讓自己在獨立處理問題和任務時能即時判斷和做選擇。他們會希望看到團隊成員有一定程度的決心和勇氣替自己想要達成的目標而努力。

3. 專注力

他們喜歡在安靜的環境中專心工作，面臨重要時刻之際，會要求大家以嚴謹的態度來面對任務。他們需要確認大家都進入工作狀態，保持頭腦冷靜、專注，不讓自

己受外界或其他雜訊打擾，以免做出錯誤的決策。

4. 求知欲

他們的學習欲和求知欲非常旺盛，喜歡不斷探索新的知識和技能，因此希望團隊成員也能把握機會進修和學習。他們希望大家永遠能拿出最新、最即時的解法與策略，不要老拿過去的經驗或技術來解決問題，因為這樣非常容易被市場淘汰。

生日數 7 的前輩和主管非常看重獨立性、專注力和求知欲，願意花時間跟同事或合作夥伴討論策略和想法，嚮往成員間能互相交流提升的工作狀態。有些人會說他們給人一種距離感和嚴肅感，但其實他們只是要大家在工作時表現出敬業的態度，並不代表他們是無趣或無法一起玩樂的人。他們希望大家能把工作時間和玩樂時間劃分清楚，不論是工作或玩樂都全力以赴。對他們來說，生命中的每個機會或考驗都是十分珍貴且值得學習的，期待團隊成員以正向且積極的信念來把握每一次機會，同時也要更有意識地累積更多資源和人脈，讓目標能夠在更快的時間內完成。

跟生日數 7 的前輩和主管相處時，不要過度揣測他們的想法和決定，特別是當他們提出過段時間再討論時。因為他們只是需要時間安靜思考和盤整思緒，消化職場中的一切紛爭和挑戰。建議跟生日數 7 的前輩和主管相處時，先將注意力和時間都花在自己手上的項目和任務中，因為喜歡透過觀察來評估團隊成員的他們，其實無時無刻會藉由你們的行為、文字或選擇來確認你們是否為值得培養的對象。另外，請尊重他們的思考方式和做事方式，展現出最高的合作意願與敬業態度，那麼，當他們接獲重要的項目時，也會第一時間將你們納入團隊之中。

生日數 8 的職場前輩和主管非常重視團隊成員是否具備追求成功的欲望、高效率、領導力及信守承諾的能力。注重達標和追求成功的他們，喜歡設定具體的目標，並努力實現這些目標。他們十分在乎團隊成員是否能接受以目標導向的抉擇機制，並支持他們努力獲取成就。他們也很重視效率和結果，希望看到同事或團隊成員盡力提高工作效率，並確保按時完成任務，交付優秀的結果。

生日數 8 的前輩和主管
十分看重團隊成員的……

1. 為團隊目標而努力

他們相信有明確的目標會讓人更願意努力實現計畫。跟他們相處時，請理解他們的目標導向性，願意支持他

們實現目標,並提供協助和資源。

2. 提高工作效率

他們注重效率和結果,喜歡在工作中迅速解決問題,並期望能夠獲得確實的成果。他們看重團隊成員的技術能力和執行效能,一旦你們答應接受任務,請務必以最高的工作效率來執行,除了確保按時完成工作外,也需要提交優秀的結果。

3. 尊重領導地位

他們的權力意識鮮明,喜歡擔任領導者的角色,並在團隊中發揮影響力。對他們來說,團隊成員在接獲任務時能否以珍惜的態度來面對他們的領導地位,是很重要的評估項目,希望成員能夠尊重他們的領導,並能適時提供支持和自身專業。

4. 展現責任感

看重責任和信用的他們,會願意擔起重任且履行承諾,同時也期望他人對自己的要求和協助能給予認可和信任。與他們相處時,要展現出負責任的態度,讓他們感受到你們的信任、認可和崇拜。

他們十分看重一個人願意付出多寡及願意承擔多少。重視責任和信用的他們，十分看重團隊成員是否能履行承諾，以及能否在共事過程中以互信互重的態度展開合作關係。另外，十分重視效率和完成率的他們，會希望看到你們提出具體的計畫和串聯資源的想法，以確保任務能夠即時且完美的完成。看重承諾和信用的他們，對於拖欠或置換內容物等行為會感到十分生氣，嚴重一點甚至會對簿公堂，不惜鬧上法院，只為了證明對錯和自己的合理性、正當性。

跟生日數 8 的前輩和主管相處時，請以啦啦隊的姿態出現在他們的身邊，主動表達支持他們的理念和選擇，佩服他們一直以來的努力。建議可以適時表達自己的欽佩之意，並希望能跟對方學習和請教。對生日數 8 的前輩和主管來說，對方是否為自己人，以及觀念是否一致，將會是他們決定是否要分享經驗和資源的關鍵因素之一。一旦他們明白了你們的態度，同時看到你們為了完成任務所付出的努力和成果，就會打從心底認定你們，並且主動提攜你們。生日數 8 的主管相對在乎面子，不太能接受被羞辱或被挖苦。若是在他們身邊工作，請務必拿出十二萬分的精神將工作做到最好，這會讓他們感受到你們是真心服從他們的領導地位。願意將他們的目標視為自己的目標，同時也願意理解和尊重他們的價值觀和特點，如此一來，你們便可與他們建立良好的關係，進而共同創造許多成功的案例。

生日數 9 的職場前輩和主管非常重視團隊成員是否具備同理心、和諧度、想像力，以及對社會的關注。他們具有人道主義精神，願意花時間傾聽，也期待對方願意分享內心的想法與感受，在瞭解他人的需求和難處後會願意伸出援手。他們重視團隊合作，希望團隊成員都願意與他人攜手合作，創造出更高的價值和更好的結果。在與他們相處時，要展現出合作的態度，願意支持和幫助他人，願意為了共同目標打造一個和諧且資源共享的職場環境。

生日數 9 的前輩和主管
十分看重團隊成員的⋯⋯

1. 同理心

他們非常在意團隊成員是否能夠相

互理解和關心，期待你們能聆聽他人的需求和困境，並在能力範圍內願意伸出援手幫助對方。總之，在跟他們共事時要表現出同理心和關心他人的態度。

2. 和諧度

他們喜歡在和諧的環境中工作，重視團隊合作與公平性。他們會希望團隊成員願意花時間找到彼此分別和共同的目標，然後雙方一起合作。在達成共同目標之時，也能夠同時完成個人的夢想。他們在尋找團隊成員時，會以成員是否能與人合作、是否願意幫助他人作爲評估項目之一。

3. 創意力

他們本身就具有豐富的創意和想像力，所以也會特別欣賞願意主動尋求新解方的人。他們期待看到團隊成員多嘗試不同的方法、結合不同的面相，進而找到最適切的處理策略。與他們共事時，請以開放的心尊重一切發想，並且提出你們自己的建議與看見。

4. 關注社會議題

他們十分關注社會責任，願意花時間參加社會公益活

動，也會以此來評估團隊成員的人品，以及和自己的合拍程度。雖然有些人會認為這點太偏向個人的喜好和感受，但對生日數 9 的前輩和主管來說，這項特質就是他們審視價值觀和生活觀的依據。

　　他們十分重視對方是否有同理心、合作精神、創意，以及是否願意承擔社會責任，雖然其中有部分跟職場能力無直接關聯，但他們就是會在專業能力外也以品格來評估一個人。主要是因為他們不是會時刻控制和查崗的人，更不是需要團隊成員時時刻刻回報的類型，所以建議要讓他們能夠對你們和手中負責的項目放心。另外，除了團隊成員的專業度外，他們也會需要確認團隊成員的價值觀、道德觀等是否能符合他們的標準，這將是他們決定放多少權限給你們的重要參考。與生日數 9 的前輩和主管相處時，一定要謹慎選擇聊天話題，特別是比較敏感的議題，建議先理解他們的立場和觀念後，再表達你們的同理心和認同感，避免因為無心的言論與行為而誤觸地雷，被他們默默貼上出局的標籤。

跟生日數 9 的前輩和主管相處時，建議要主動找機會跟他們一對一聊聊，藉此瞭解前輩和主管的喜好與地雷，找到跟他們相處的界線與方向。請拿捏好關心和八卦的那把尺，不要讓自己的關心被誤認為是想打探他人是非的感覺。請經常向他們請益或交換意見，將有助於拉近彼此的距離、增進彼此的瞭解。另外，與他們共事時，請保持開放和坦誠的溝通狀態，避免隱瞞信息或過度曲解事實，便能夠建立互信的溝通管道，讓彼此能夠更理解對方的想法和需求。與他們一起面對新任務或挑戰時，要多展現你們的彈性和適應力。他們喜歡跟多元性高的人一起工作，特別是面對環境變化快速且不按牌理時，有一個能夠靈活且配合度高的團隊成員，往往有機會將危機變成轉機。整體來說，與生日數 9 的前輩和主管相處要展現出尊重和信任的態度，以開放和坦誠的心來溝通，會讓合作更加順暢。同時藉由理解他們的

價值觀和特點，讓自己更能適應他們的工作風格，共同創造一個積極與和諧的工作環境。你們也可以藉此建立良好的溝通與合作關係，幫自己在職場中爭取更多的發展機會。

FUTURE 56

溫蒂姐職場靈數密碼
善用關鍵生日數，解鎖升遷密道，為自己打造職場最強運

作　　者／溫蒂姐 Wendy Sister
責任編輯／何若文
特約編輯／潘玉芳　　　　　　　　　　版　　權／吳亭儀、江欣瑜、林易萱
美術設計／林家琪　　　　　　　　　　行銷業務／周佑潔、賴玉嵐、賴正祐

總 編 輯／何宜珍
總 經 理／彭之琬
發 行 人／何飛鵬
法律顧問／元禾法律事務所 王子文律師
出　　版／商周出版
　　　　　台北市 104 中山區民生東路二段 141 號 9 樓
　　　　　電話：(02) 2500-7008　傳眞：(02) 2500-7759
　　　　　E-mail：bwp.service@cite.com.tw　Blog：http://bwp25007008.pixnet.net./blog
發　　行／英屬蓋曼群島商家庭傳媒股份有限公司城邦分公司
　　　　　台北市 104 中山區民生東路二段 141 號 2 樓
　　　　　書虫客服專線：(02)2500-7718、(02) 2500-7719
　　　　　服務時間：週一至週五上午 09:30-12:00；下午 13:30-17:00
　　　　　24 小時傳眞專線：(02) 2500-1990；(02) 2500-1991
　　　　　劃撥帳號：19863813　戶名：書虫股份有限公司
　　　　　讀者服務信箱：service@readingclub.com.tw
　　　　　城邦讀書花園：www.cite.com.tw
香港發行所／城邦（香港）出版集團有限公司
　　　　　香港灣仔駱克道 193 號超商業中心 1 樓
　　　　　電話：(852) 25086231 傳眞：(852) 25789337
　　　　　E-mailL：hkcite@biznetvigator.com
　　　　　馬新發行所／城邦 (馬新) 出版集團【Cité (M) Sdn. Bhd】
　　　　　41, Jalan Radin Anum, Bandar Baru Sri Petaling, 57000 Kuala Lumpur, Malaysia.
　　　　　電話：(603)90578822　傳眞：(603)90576622
　　　　　E-mail：cite@cite.com.my

封面設計／COPY
印　　刷／卡樂彩色製版印刷有限公司
經 銷 商／聯合發行股份有限公司 電話：(02)2917-8022　傳眞：(02)2911-0053
■ 2024 年 01 月 11 日初版　　　　　　　　　Printed in Taiwan
定價 400 元
著作權所有，翻印必究
ISBN 978-626-390-009-7
ISBN 978-626-390-003-5（EPUB）

城邦讀書花園
www.cite.com.tw

國家圖書館出版品預行編目 (CIP) 資料

溫蒂姐職場靈數密碼／溫蒂姐著 .-- 初版 .-- 臺北市：商周出版：英屬蓋曼群島商家庭傳媒股份有限公司城邦分公司發行，
2023.12　304 面；14.8*21 公分　ISBN 978-626-390-009-7 1.CST: 占卜 2.CST: 數字
292.9　　　112021768

廣　　告　　回　　函
北 區 郵 政 管 理 登 記 證
台 北 廣 字 第 ０ ０ ０ ７ ９ １ 號
郵 資 已 付 ， 免 貼 郵 票

104台北市民生東路二段 141 號 B1

英屬蓋曼群島商家庭傳媒股份有限公司
城邦分公司

請沿虛線對摺，謝謝！

書號: BF6056	書名:溫蒂姐職場靈數密碼	編碼:

請於此處用膠水黏貼

線上版讀者回

讀者回函卡

感謝您購買我們出版的書籍！請費心填寫此回函卡，我們將不定期寄上城邦集團最新的出版訊息。

姓名：_____ 性別：☐男 ☐女

生日：西元_____年_____月_____日

地址：_____

聯絡電話：_____ 傳真：_____

E-mail：

學歷：☐ 1. 小學 ☐ 2. 國中 ☐ 3. 高中 ☐ 4. 大學 ☐ 5. 研究所以上

職業：☐ 1. 學生 ☐ 2. 軍公教 ☐ 3. 服務 ☐ 4. 金融 ☐ 5. 製造 ☐ 6. 資訊

☐ 7. 傳播 ☐ 8. 自由業 ☐ 9. 農漁牧 ☐ 10. 家管 ☐ 11. 退休

☐ 12. 其他_____

您從何種方式得知本書消息？

☐ 1. 書店 ☐ 2. 網路 ☐ 3. 報紙 ☐ 4. 雜誌 ☐ 5. 廣播 ☐ 6. 電視

☐ 7. 親友推薦 ☐ 8. 其他_____

您通常以何種方式購書？

☐ 1. 書店 ☐ 2. 網路 ☐ 3. 傳真訂購 ☐ 4. 郵局劃撥 ☐ 5. 其他_____

您喜歡閱讀那些類別的書籍？

☐ 1. 財經商業 ☐ 2. 自然科學 ☐ 3. 歷史 ☐ 4. 法律 ☐ 5. 文學

☐ 6. 休閒旅遊 ☐ 7. 小說 ☐ 8. 人物傳記 ☐ 9. 生活、勵志 ☐ 10. 其他

對我們的建議：_____

_____

_____

【為提供訂購、行銷、客戶管理或其他合於營業登記項目或章程所定業務之目的，城邦出版人集團（即英屬蓋曼群島商家庭傳媒（股）公司城邦分公司、城邦文化事業（股）公司），於本集團之營運期間及地區內，將以電郵、傳真、電話、簡訊、郵寄或其他公告方式利用您提供之資料（資料類別：C001、C002、C003、C011 等）。利用對象除本集團外，亦可能包括相關服務的協力機構。如您有依個資法第三條或其他需服務之處，得致電本公司客服中心電話 02-25007718 請求協助。相關資料如為非必要項目，不提供亦不影響您的權益。】

1.C001 辨識個人者：如消費者之姓名、地址、電話、電子郵件等資訊。　　　2.C002 辨識財務者：如信用卡或轉帳帳戶資訊。

3.C003 政府資料中之辨識者：如身分證字號或護照號碼（外國人）。　　　4.C011 個人描述：如性別、國籍、出生年月日。

請於此處用膠水黏貼

FUTURE

FUTURE